La Biblia de la Criptomoneda:
3 Libros en 1:

Los Principales Secretos Comerciales para que los Inversores tengan Exito Financiero con Bitcoin, Blockchain Ethereum, Ripple Litecoin y todas las Altcoins

Por

Jared Snyder

Libro 1: Criptomoneda

La guía definitiva para Comprender la ondulación XRP

Libro 2: Criptomoneda

Los 25 Errores Principales Del Trading Que Cometen Los Principiantes Y Cómo Evitarlos

---

Libro 3: Criptomonedas

Cómo Tener Exito En El Trading De Criptomonedas

Tabla de contenidos

LIBRO 1: CRIPTOMONEDA

*La guía definitiva para
Comprender la ondulación XRP*

INTRODUCTION

Quiero darle las gracias por comprar este libro, titulado *"La guía definitiva para entender XRP Ripple. "* Como habrás notado en el propio título, este libro es una guía para ayudarte a navegar por el mundo de las criptomonedas, particularmente Ripple (XRP). Cualquiera con un ojo en los mercados financieros actuales es probablemente consciente de que 2017 fue el año en que las criptomonedas tomaron el mundo por sorpresa. Ahora, todo el mundo quiere encontrar una manera de subir a bordo de este tren, pero algunos retroceden debido al miedo de que no sepan qué hacer.

Con este libro, me gustaría decirle lo contrario. Es posible que no tenga ninguna experiencia previa en el trading con criptomoneda, pero esa no es razón para que no comience de inmediato! Este libro se centra en Ripple porque creo que Ripple (XRP) tiene algo que ofrecer al mundo. Es un altcoin que ha estado escalando constantemente su camino a través de las filas y no parece estar mostrando ningún signo de detenerse en cualquier momento pronto. Operar con criptomonedas no es sólo una cuestión de conseguir una operación bloqueada

A través del curso de este libro, abordaremos varios temas que le ayudarán a entender cómo puede seguir adelante con su inversión. Comenzamos con una discusión sobre por qué uno debe considerar invertir en criptomoneda en absoluto, antes de centrar nuestro enfoque en Ripple. El resto del libro se centra en La ondulación en sí, incluyendo las formas prácticas y los medios que puede comenzar a comprar y vender XRP. Todo esto se le explicará de una manera clara y sencilla, sin que ninguna de las jergas le impida saber lo que necesita saber para empezar. La implementación práctica de su inversión puede tomar algún tiempo y esfuerzo en su momento, pero los resultados van a valer la pena. Con este libro, usted puede buscar en el mundo de la criptomoneda, y encontrarse nadando con la corriente.

Para llegar allí, sin embargo, primero vamos a empezar - feliz lectura!

CAPITULO UNO: COMENZANDO: LO BÁSICO
PARA ENTENDER CRIPTOMONEDA

Si usted no vive bajo una roca y sigue incluso algunos de los acontecimientos financieros actuales, es imposible perderse las menciones de criptomoneda. 2017 fue un gran año para criptomoneda en comparación con los otros, y 2018 no parece que va a ser más lento pronto. ¿Qué significa esto y cómo cambia esto su perspectiva en el mercado? ¿Cómo necesita empezar a percibir inversiones y cómo es su futuro financiero? Estoy seguro de que el zumbido actual alrededor de criptomoneda ha dado lugar a varias preguntas en su cabeza, y estoy aquí para ayudar a responder a algunas de ellas. Mientras que el enfoque principal de este libro va a ser Ondulación, se vuelve interesante llegar a un punto en el que usted entiende por qué es importante para nosotros centrarse en la ondulación.

Para eso, sin embargo, tenemos que ser capaces de comenzar en lo básico - tenemos que empezar en lo que la criptomoneda realmente es, y lo que tiene que ofrecer a usted antes de considerar siquiera la instancia específica de ondulación. Esta es la única manera en que obtendrá una mejor apreciación de cómo la ondulación puede cambiar la forma en que percibe el dinero. Además de esto, así es como usted será capaz de obtener una comprensión de cómo Ripple es diferente no sólo de los sistemas financieros convencionales, pero una criptomoneda destacada incluso dentro de su propio mundo.

SUENA BIEN, PERO ¿QUÉ SON LAS CRIPTOMONEDAS?

Esto puede parecer una pregunta básica para hacer dado que usted está buscando para hacer inversiones en el campo. Tal vez ya esté lo suficientemente bien leído como para saber y entender de qué se trata realmente este campo. Para el beneficio de algunos otros, sin embargo, vamos a empezar con una visión general básica de lo que criptomoneda es y puede ser. Tiende a haber una gran cantidad de charla asociada con criptomoneda, y esto puede hacer difícil diferenciar entre hecho y ficción, entre qué confiar y lo que es sólo ruido. Esto es lo que espero resolver por usted, proporcionándole una comprensión concisa de lo que son las criptomonedas.

Reducir la comprensión compleja y toda la jerga que rodea criptomoneda, y se dará cuenta de que, en el corazón de ella, se puede reducir a una forma simple. Hay entradas limitadas que se crean en una base de datos, y éstas no se pueden cambiar a menos que se cumplan ciertas condiciones para facilitar el proceso. ¿Te suena familiar? Debería – porque así es exactamente como funcionan las monedas en el mundo normal. Piénsalo por un minuto o dos, y verás a lo que me refiero. Las entidades se definen esencialmente de la misma manera. Cuando se reduce a su forma más básica, esto es lo que es el dinero, una entrada – que ha sido verificada – en alguna base de datos. ¿A qué tipo de bases de datos nos referimos? Esto puede incluir transacciones de diferentes tipos o incluso cuentas. Depende de cómo lo veas.

La diferencia entre las criptomonedas y las monedas convencionales, entonces, no reside en su definición. Esencialmente, ambos se entienden de la misma manera. Sin embargo, los mecanismos que rigen las operaciones de estas monedas son los que las diferencian entre sí. ¿Qué son las redes y transacciones de criptomonedas? Bueno, para decirlo simplemente, el mecanismo general que siguen todas las criptomonedas es el de una red de pares. Dado que comenzaron como un medio de descentralización de los sistemas financieros e Internet, esto no debería sorprenderle. Esta red de pares es entonces responsable de mantener un registro completo de cada transacción que ha tenido lugar en la red. Si bien los participantes de la transacción no son conocidos por nadie excepto las partes involucradas, la tecnología utilizada en estas redes hace posible que la cantidad de la transacción sea vista por la audiencia general. Por lo tanto, esta radiodifusión permite la creación de un sistema en el que las transacciones deben verificarse de alguna forma antes de su aprobación. Mientras que varias criptomonedas utilizan la minería para este proceso, Ripple no necesita mineros y en su lugar utiliza lo que se llama un algoritmo de consenso. Los detalles de cómo funciona esto se le explicarán en los siguientes capítulos.

PROPIEDADES COMUNES DE LAS CRIPTOMONEDAS

SEGURIDAD DE LA IDENTIDAD

Dado que no es posible vincular una cuenta criptomoneda a una identidad del mundo real, hay un gran grado de seguridad y privacidad involucradoen en el uso de estos sistemas. Su identidad está vinculada a una dirección, que es una cadena de caracteres que nadie en el mundo real puede rastrear hasta usted. Además de esto, existe el concepto de claves públicas y privadas. Nadie conoce su clave privada excepto usted, y dado el grado de algoritmos de criptografía involucrados en asegurarse de que este sigue siendo el caso, puede estar seguro de que su identidad y sus fondos van a estar seguros.

LA VELOCIDAD DE LAS TRANSACCIONES

Una de las propiedades más valoradas de las criptomonedas es la capacidad de procesar transacciones a un ritmo mucho más rápido que el que los sistemas tradicionales son actualmente capaces de hacer. Por lo tanto, la confirmación puede ocurrir en cuestión de minutos – y no importa a qué ubicación está enviando estos fondos a o desde. Todo se puede procesar con la misma rapidez. Parte de este beneficio proviene del hecho de que no se puede revertir una transacción después de que se ha confirmado - y cuando digo que usted, no me refiero sólo a usted personalmente. Nadie puede revertir una transacción que se ha confirmado. En una línea similar, nadie puede impedir que utilice sin una criptomoneda en particular, ya sea , esa es su elección para hacer, y la suya sola.

SUMINISTRO LIMITADO

Dado que sólo un suministro limitado de tokens criptomoneda está disponible en la mayoría de las criptomonedas, difieren en este aspecto crucial en comparación con las monedas fideias. Esto significa que no hay sorpresas que puedan ser surgidas sobre usted porque es posible calcular el flujo monetario y el suministro de cualquier criptomoneda en particular en un momento dado en el futuro.

RAZONES PARA CONSIDERAR LA CRIPTOMONEDA

LA INESTABILIDAD AFECTA DE MANERA DIFERENTE

Los bancos convencionales, los mercados bursátiles y los sistemas financieros se ven afectados por disturbios políticos que a menudo tienen un impacto negativo en el valor de estos servicios. Esto se debe a la dependencia establecida entre los dos tipos de instituciones en las que el éxito de una está supeditada al funcionamiento de la otra. Así que seguramente no puede ser una buena cosa para criptomoneda tampoco? Bueno, esta es la verdadera historia. No podemos decir que el impacto sea necesariamente negativo, porque las criptomonedas existen en un espacio diferente en comparación con los sistemas financieros tradicionales. De hecho, ha habido casos de inestabilidad política (y financiera tradicional) en Asia, lo que ha llevado a la oleada de algunas criptomonedas y a la caída de algunas otras. Esta falta de interdependencia debe ser un factor que considere seriamente antes de invertir, ya que puede resultar ser algo bueno en más de una manera.

NO ES DIFÍCIL EMPEZAR

Como voy a mostrarlemás más adelante en este libro, no será demasiado difícil para usted para empezar a operar con criptomoneda. Claro, usted puede tener algunos desafíos iniciales en la configuración y el despegue, pero eso no es nada de lo que preocuparse - eso es lo que este libro está aquí para! Con una visión general detallada de este proceso, pronto ganará confianza en su capacidad para operar eficazmente usando criptomonedas, y no se deje en su camino de hacerlo.

EL POTENCIAL DE RENDIMIENTOS

Las instituciones financieras tradicionales, como los bancos, tienen una gran cantidad de comisiones asociadas con cualquier intercambio que se enrute a través de ellos. Tomemos el ejemplo de comprar algo en una moneda extranjera; usted sabe que los bancos le van a cobrar una cantidad significativa antes de permitirle hacer la transacción en absoluto - y con el tiempo, esto se suma. Por lo tanto, no es factible depender completamente de un sistema tan convencional. Criptomoneda le da la oportunidad de cerrar esta brecha al tener una cantidad de tarifa mínima para los intercambios, lo que le anima a hacer más con sus finanzas. También rompe una barrera que quizás no te hayas dado cuenta de que te estaba obstaculizando tanto y te da la libertad de elección que realmente podrías apreciar. Esto, a su vez, le ayudará a hacer mejores inversiones para obtener mejores rendimientos, ya sea a corto plazo o durante un largo período, lo que prefiera.

CAPITULO DOS: CRIPTOMONEDA RIPPLE

Por ahora, usted podría estar convencido sobre el poder de invertir en criptomonedas. En cuanto al potencial que estas inversiones pueden tener, usted sabe que los tiempos actuales se ven mejor que nunca. Y así, no me sorprendería si dijeras que estás buscando invertir. Esto plantea la cuestión de cómo quieres hacerlo. ¿Cómo decides qué criptomoneda es la más adecuada para ti? ¿Qué altcoin es más probable que tenga el mayor impacto en breve? Este capítulo se centrará en responder algunas de estas preguntas para usted.

Hay un montón de altcoins que usted puede elegir para centrar su atención, pero voy a hablar de uno de ellos en particular, Ondulación. De hecho, no sería exagerado decir que la criptomoneda está haciendo olas en los mercados financieros actuales y nuestras mentes, mostrando un enorme crecimiento y potencial en los últimos dos años. Este éxito ha persistido incluso cuando otras criptomonedas no han sido capaces de aferrarse a la misma, lo que hace que el altcoin particularmente notable en tiempos de fluctuaciones del mercado.

LA HISTORIA Y EL TRASFONDO DE RIPPLE

Al aprender acerca de una criptomoneda, en particular, se vuelve interesante observar de dónde vino, para ser capaz de predecir qué dirección va a tomar en el futuro. Ripple comenzó de la misma manera que otras criptomonedas parecen haber hecho, con el objetivo de asegurarse de que los espacios financieros podrían ser descentralizados. ¿Qué significa esto? Significa que los creadores querían asegurarse de que este sistema financiero no estaba bajo la poderosa comprensión de un grupo en particular, y que ese poder se distribuía entre la interfaz de usuario.

La compañía responsable del desarrollo de la criptomoneda, Ripple (XRP) fue inicialmente conocida como OpenCoin. Hace casi quince años, Ryan Fugger se le ocurrió la idea de que las personas necesitan ser libres para crear sus espacios financieros y sistemas monetarios, y necesitarían ayuda para hacerlo. Esto condujo a la creación de la primera iteración o forma de ondulación, en 2004, aunque la importancia y asociación de esto no se entendieron completamente entonces. Varios años más tarde, Jed McCaleb diseñó un sistema monetario que era diferente de las opciones que la gente tenía disponible para ellos entonces. Esta diferencia se observó en la forma en que se confirmaron las transacciones. La verificación la harían los miembros de la comunidad, lo que significaría que esto es un paso más cercano a la creación del espacio descentralizado que querían. McCaleb, junto con Chris Larsen, fundó la compañía en 2012. Varios cambios de nombre más tarde, en 2015, la compañía fue finalmente referida por el nombre que conocemos por ahora, Ripple. Además de ejecutar actualmente su red de forma independiente, Ripple también obtuvo una licencia para ser considerada una moneda virtual y ahora es un servicio disponible registrado.

La ondulación necesita ser entendida en dos niveles separados entonces – no sólo es una moneda digital, pero el término también se utiliza para referirse a la red que fue construida para facilitar el proceso. Con el objetivo final de descentralizar finalmente Internet, Ripple todavía está trabajando en la liberación de la moneda virtual que ha creado – y puede crear – en fases. Esto garantizará que haya un nivel de estabilidad asociado con las transacciones, y ninguna persona podría aprovechar demasiado el sistema en un momento dado.

CARACTERÍSTICAS DEL DISEÑO DE RIPPLE

Lo interesante de Ripple es que los factores de diseño asociados a él son similares a los de los bancos, y sin embargo tienen sus diferencias únicas. Es importante destacar que las transacciones que se producen a través de Ripple son facilitadas por las puertas de enlace de Ripple, que comparten el marco XRP que se desarrolló. Sin embargo, Ripple también se asocia con la legalidad del proceso. En el caso de algunas transacciones, es posible que se deban proporcionar algunos detalles de ID antes de que sea posible realizar una transacción. Esto podría activar algunas campanas de alarma en la cabeza, ¡pero no te preocupes! Sus datos nunca se ponen a disposición de una parte externa, ya que se utilizan únicamente para estos casos específicos de verificación. A la luz de la comprobación de la comunidad de las transacciones, debe recordar que solo los detalles de la transacción se ponen a disposición del público, no las personas o partes involucradas en las transacciones en sí. De esta manera, su privacidad también está garantizada durante el proceso.

Además de esto, una diferencia importante entre Ripple y otras criptomonedas también radica en la posibilidad de minería – o bien, la falta de ella. Mientras que otras criptomonedas dependen de la minería para validar la transacción, lo mismo no es cierto en el caso de Ripple. En su lugar, Ripple se ejecuta en un sistema de uso de un libro mayor común para la verificación e intenta llegar a un consenso a nivel de comunidad para determinar si una transacción va en el libro mayor. Este consenso se conoce como una supermayoría, y lograrlo es un requisito – si no sucede la primera vez, el proceso se repite hasta que se logra una supermayoría. Esto garantizará que la aprobación de las transacciones no pueda monopolizarse de ninguna forma.

Otro protocolo utilizado por Ripple es similar al de las criptomonedas que ya existen en el mercado. De esto, características notables incluyen el hecho de que el protocolo es de código abierto y está destinado a permitir transacciones a mayores velocidades. Para ilustrar este punto, Ripple apunta hacia la forma en que percibimos el intercambio de información en Internet – esperamos que suceda en tiempo real y tan rápido como podamos imaginar. La compañía espera lograr lo mismo utilizando Ripple, para los sistemas financieros y los valores. Esta eficacia forma parte importante de cómo Ripple se posiciona en el mercado. Además de esto, Ripple también tiene como objetivo mejorar los métodos tradicionales de transferencia de divisas a través de la eliminación de las tarifas asociadas con la transferencia de divisas. De hecho, el gigante emergente quiere dar forma a la forma en que comenzamos a ver los sistemas financieros en el futuro y está dando pasos para facilitar lo mismo.

LA USABILIDAD DE RIPPLE

Debido a su posición única en el mercado de criptomonedas, Ripple tiene varios casos de uso que incluyen, pero no se limitan a, su papel como criptomoneda. Para distinguir fácilmente entre la red y la moneda, me referiré a la red como RippleNet, mientras que la moneda se designa utilizando XRP.

Comencemos con una discusión sobre cómo la moneda digital asociada con las tarifas de Ripple (XRP). A través de las ventajas institucionales de que dispone, Ripple ya se posiciona de manera óptima a través de su conexión con los bancos. Además, también ha obtenido la licencia que necesita para que el proceso de liquidación se produzca mucho más rápido y más rápido. Como explicaré más adelante, Ripple se enorgullece de la seguridad, la velocidad y la estabilidad, y esto es muy ventajoso para los participantes por varias razones. Por un lado, XRP funciona mucho más rápido que las otras criptomonedas en el mercado, haciendo que el proceso también sea inmediato. Dado que también fue diseñado para hacer frente a cargas a nivel de instituciones, puede proporcionar un alto grado de estabilidad cuando se lleva a cabo este proceso.

Dado que mencioné el caso de las instituciones permítanme abordar brevemente el tema antes de elaborarsobre él en el siguiente capítulo sobre las razones por las que debería considerar el trading con Ripple. RippleNet ha facilitado el proceso de pagos en cerca de 30 países. El alto grado de seguridad asociado con Ripple también significa que los bancos ahora pueden considerar expandirse a regiones a las que no podrían haberse acercado previamente. También crea una oportunidad de crecimiento en el sector a través de la creación de diferentes mercados. Todo esto está en línea con el protocolo de pago y el proceso legal que lo rodea, lo que legitima estas transacciones en primer lugar y garantiza que todas las personas de todo el mundo tengan una experiencia similar.

A nivel del individuo, el protocolo de Ripple facilita el proceso de cambio de divisas y transferencia también. Los niveles proporcionados a los bancos también se proporcionan a nivel del cliente. Por lo tanto, tiene un alcance similar incluso a escala individual en todo el mundo. La opción de realizar transacciones personales y a escala corporativa a través del mismo marco es atractiva para muchos individuos. Además de esto, el proceso se hace más seguro para un individuo a través de la transparencia involucrada en el proceso de remesa, y a través de una mayor accesibilidad a varias instituciones financieras a la vez.

CAPITULO TRES: POR QUE DEBERÍAS CONSIDERAR INVERTIR EN RIPPLE

Ahora que conoces la interesante historia asociada con Ripple, es hora de que pasemos al siguiente paso. Claro, todos somos conscientes de que las criptomonedas son una opción de inversión interesante y pertinente a tener en cuenta en estos días, pero ¿por qué Ondulación en particular? El mercado de criptomonedas es uno que parece estar inundado de opciones en estos días, con mucho más que se introduce. En tales casos, ¿cómo se decide cuál de las opciones tiene la posibilidad de obtener mayores rendimientos para usted? ¿Cuál de ellos es un riesgo de inversión que vale la pena tomar? Estoy seguro de que todas estas preguntas están corriendo en su mente mientras mira el mercado. Este capítulo le ayuda a lidiar con esas preguntas presentándole la variedad de razones por las que debe considerar Ripple.

Las criptomonedas han aumentado particularmente en cuanto a popularidad en el año 2017 – el último año fue de hecho amable para el mercado. El público en general ha comenzado a tomar nota de estas opciones disponibles para ellos y poco a poco está empezando a darse cuenta del potencial que se asocia con tales inversiones. Esta creciente sensación de popularidad tiene un efecto circular : no sólo su crecimiento hizo que las criptomonedas sean más visibles, sino que la visibilidad de estas monedas las ha hecho más propensas a ser adoptadas por el público en general, alimentando así su crecimiento. Famosamente, algunas monedas se han beneficiado de esto, y cryptocurrencies como Bitcoin, Ethereum y Litecoin – más comúnmente conocido por la

16

persona promedio – han aumentado enormemente en valor.

Ahí radica el problema de hacer inversiones que todos los demás están haciendo, tienes la oportunidad de tener que pagar mucho más por la misma moneda. Ahora, si usted estuviera en el mercado para las primeras etapas de desarrollo criptomoneda, y había invertido en ellos entonces, las cosas habrían sido diferentes. Usted podría haber obtenido Bitcoins o éteres para un valor significativamente más bajo, que no habría hecho una abolladura en su bolsillo. Además, si el patrón de crecimiento hubiera sido el mismo que se observó en los últimos años, se podría decir mucho sobre los rendimientos que podría haber obtenido. Pero la situación actual no se presenta de esta manera. Claro, hay una gran cantidad de ganancias que podría soportar para ganar incluso si usted invierte en estas criptomonedas ahora, pero esa inversión no va a ser barato para usted. Y ahí está el problema.

Usted puede estar seguro de que estas criptomonedas mostrarán algún nivel de crecimiento en breve, pero ¿cuánto tiempo va a durar? ¿Serán capaces de hacer frente a las otras monedas emergentes, y quién va a ganar la batalla de los gigantes financieros? Habida cuenta de que su respuesta a esta pregunta está atada con al menos cierto grado de incertidumbre, ¿no sería más práctico no arriesgar una inversión muy pesada ante la esperanza de un rendimiento que puede o no ser satisfactorio? Esto sirve como una explicación de por qué la gente está buscando para hacer inversiones alternativas - el tiempo seguirá su curso con algunas de estas criptomonedas populares, y le haría bien estar listo con los reemplazos en su lugar. Entonces, ¿qué haces en estos casos? Busque la criptomoneda que es más probable que sea grande, por supuesto. Casi siempre, esto se conoce como ser la búsqueda del siguiente "Bitcoin."

¿Y por qué te estoy contando todo esto? Porque Ripple ha surgido como un importante competidor en el campo, particularmente en el año 2017. La gente ha empezado a tomar nota de que el sistema financiero hace olas en el mercado, y no es uno que deba ignorar. Considere esto, el valor de ondulación subió casi 4000% en el año 2017 solo. En pocas palabras, eso es mucho. Imagínese ser uno de los primeros inversores y obtener un beneficio de x3700 veces el dinero que usted pone en este mercado. Ese sería el sueño, ¿no? Bueno, ese es un sueño que se hizo realidad para varias personas en el pasado reciente, y no hay razón para que Ripple no siga creciendo como lo hace. El inmenso potencial de crecimiento que Ripple tiene es sólo una de las razones para invertir en la criptomoneda.

Debido a la forma en que Ripple se está posicionando en el mercado, hay una experiencia transformadora para los usuarios y el público en general. Esta experiencia es de cambio: cambio en la forma en que vemos los sistemas financieros tradicionales y un cambio en la forma en que vemos las criptomonedas en general. Hay factores asociados con la ondulación que hacen que se destaque de ambos sistemas de los que forma parte. Muchas personas no se dan cuenta de que la experiencia transformadora se debe a sí misma; en parte al menos, a cómo Ripple está temblando y cambiando las cosas. Ripple tiene el potencial de redefinir cómo las empresas y los bancos se comportan, un hecho que se va a dejar claro cuanto más le explico la situación. Al final de este capítulo, espero que te des cuenta de cuánto potencial tiene Ripple, y considera hacer la inversión que muy bien podría cambiar tu vida.

Como mencioné anteriormente, Ripple quiere cambiar la forma en que vemos las transacciones y los pagos, así como la velocidad a la que se producen. Su objetivo es que este proceso se realice en tiempo real, permitiendo el intercambio de dinero entre personas que no está vinculada a qué servicios del banco están utilizando, o dónde se encuentran geográficamente. La red es sostenida por sí misma forma de moneda digital, XRP – es decir, si usted dice que está comprando Ripple, usted está comprando XRP que es parte de la red de ondulación. De esta manera, se hace imposible para usted considerar XRP independientemente del marco que Ripple ha construido para apoyarlo. Por lo tanto, la empresa y la moneda se conocen como ondulación. Fue desarrollado como una criptomoneda que podría ir más allá de realizar los roles simples de una criptomoneda, a través de cómo la propia red podría dar forma a nuestra comprensión de los sistemas financieros.

Es con esta comprensión del doble papel que desempeña Ripple que entramos en la comprensión de los otros beneficios de invertir en ondulación. Es importante que recuerde esto porque esto es lo que lo hace diferente de las otras criptomonedas en el mercado por ahí. Además de esto, varias personas reconocidas en la industria criptomoneda han respaldado la propia red de Ripple. Además de su popularidad, está ganando con los propios bancos, para hacer el proceso transaccional más suave.

¿Cómo se logra todo esto y qué significa? Bueno, sigue leyendo y averia.

Conexión de Ripple con los bancos

Por supuesto, no es del todo posible eliminar todo el uso que tenemos para los bancos – esto es debido a la forma en que se ven los sistemas financieros actuales. Va a tomar mucho tiempo antes de que las criptomonedas lleguen a la etapa donde se ven de una manera que facilita los procesos bancarios, así. Esto ciertamente no va a suceder al ritmo antinatural que varias personas parecen imaginar que va a tomar. Esto se debe a que muchas personas con un interés en las criptomonedas parecen pensar que la totalidad de tal adquisición tiene la posibilidad de ocurrir dentro de uno o dos años. Ahora, eso no es cierto, y suponiendo que sea el caso sólo puede conducir a la decepción de las expectativas de muchos. Sin embargo, le hará bien notar el lado positivo de esta situación – las cosas definitivamente están cambiando. Las criptomonedas se han establecido en nuestro mundo de una manera que hace imposible seguir mirando un mundo donde esto ya no será el caso.

Los lazos entre el mundo tal como lo conocemos, y la influencia de las criptomonedas, sólo están aumentando día a día. Tomemos el ejemplo de Ripple, que ha logrado adquirir el negocio de más de diez bancos y ha captado el interés de varias otras instituciones financieras que ahora buscan hacer lo mismo. Esto no es convencional incluso para una criptomoneda porque la adopción de tales protocolos y sistemas por el mercado tradicional tiene mucho que decir sobre la calidad de los servicios que se ofrecen. Dado que esta adopción es cada vez más común por el día, no sería un estiramiento decir que ripple tiene potencial de crecimiento por encima de otras criptomonedas. Ofrece acuerdos que no sólo los individuos, sino incluso las instituciones, no pueden rechazar. Mediante el uso de su protocolo de intercompromiso, Ripple está haciendo que las transacciones financieras sean significativamente más baratas para los bancos, y eso no es algo que los bancos puedan optar por ignorar. Por lo tanto, es lógico que Ripple sólo va a ganar popularidad en el futuro. Como una extensión, cuanto más aumentan los casos de uso para los protocolos de ondulación, más ondulación en sí va a aumentar en valor, por lo que es una inversión que vale la pena considerar seriamente.

PROTOCOLO DE RIPPLE

El protocolo de Ripple, que antes me refería como el Protocolo de Interpledge, tiene algo interesante que ofrecer. En cuanto a cómo se utiliza, tiene un lugar único en el mundo de la tecnología blockchain. Por supuesto, todos somos conscientes de que hay problemas relacionados con el tiempo y la privacidad con los sistemas financieros que se utilizan actualmente en todo el mundo. Aquí es donde el protocolo de interpledge parece intervenir y marcar la diferencia. Lanzado en 2015, el protocolo permite a cualquier persona que tenga cuentas en dos libros de contabilidad diferentes formar una conexión entre los dos. El gráfico de liquidez así creado se conoce como el intercompromiso. Dado que no se basa en ningún sistema en particular para procesar los pagos, se cierra una brecha importante que antes no se había considerado. Además de esto, la adición de conectores y libros de contabilidad puede acelerar la tasa de transacciones facilitada por el proceso, dándole un gran potencial de crecimiento.

Con la conciencia de que estas transacciones pueden ocurrir a nivel de criptomonedas, monedas reales, o incluso otras formas, Ripple ha permitido espacio para el mismo. Mientras tengas algo que tenga algún valor, hay un camino disponible para su intercambio de una manera segura y segura. Por lo tanto, va más allá del papel convencionalmente esperado de la misma, demostrando ser útil a escalas individuales e institucionales.

EL RENDIMIENTO DE RIPPLE EN COMPARACIÓN CON SUS HOMÓLOGOS

Ripple tiende a centrarse en mejorar aspectos específicos de su tecnología blockchain, al igual que las otras criptomonedas. El enfoque que Ripple utilizó para establecerse en la industria es el de la velocidad, la seguridad y la escalabilidad, y por ahora, es posible que haya notado la importancia que atribuyen a la escalabilidad. Como el aspecto de seguridad de Ripple ya ha sido discutido, me centraré en la escalabilidad y la velocidad en esta sección.

El algoritmo de Ripple está diseñado de tal manera que permite el consenso de una transacción en alrededor de cuatro segundos. Compara esto con los otros gigantes de la industria, y Bitcoin tarda cerca de una hora en lograr lo mismo, mientras que Ethereum tarda alrededor de 3 minutos. Esto significa que la velocidad de Ripple ya está millas por delante de lo que los otros competidores pueden ofrecer. Además de esto, Ripple es escalable. También debe tenerse en cuenta la capacidad de tratamiento de las transacciones. Mientras que Ripple puede procesar alrededor de 1500 por segundo, Bitcoin camina detrás miserablemente en alrededor de seis. Con este grado de diferencia en los competidores en el mercado, no es de extrañar que más personas se están moviendo a una criptomoneda emergente como Ripple.

EQUIPO DE RIPPLE

Para que una criptomoneda tenga éxito, necesita ofrecer varias cosas: necesita posicionarse con respecto al desarrollo, el diseño, las oportunidades de inversión, etc. Es muy posible que un equipo talentoso de desarrolladores pueda quedarse atrás, ya que no sabían cómo encontrar los financiadores adecuados para el desarrollo del proyecto. Sin embargo, este definitivamente no fue el caso con Ripple. Dado que McCaleb y Larsen ya estaban establecidos previamente en el mundo de las criptomonedas, se hizo mucho más fácil tomarlos en serio, ya que sabían de lo que estaban hablando. Por lo tanto, Ripple recibió una cantidad muy alta de capital de riesgo inicialmente, y las perspectivas de financiamiento no han cambiado desde entonces. A medida que más personas se están dando cuenta de los beneficios que Ripple tiene en oferta, están dispuestos a invertir su dinero en respaldarlo también.

Ahora que usted es consciente de las varias razones por las que debe invertir en ondulación; la segunda mitad de este libro se centra en los aspectos prácticos del proceso. ¿Cómo está buscando el futuro el trading con XRP Ripple? ¿Cuáles son las estrategias que debe considerar para adaptarse para operar con éxito con Ripple, tanto a corto como a largo plazo? ¿Cómo se inicia el proceso? Todo esto y más se tratará en las siguientes secciones del libro.

CAPITULO CUATRO: COMO ES EL TRADING CON RIPPLE?

En este capítulo, comenzamos la segunda mitad del libro, que trata sobre formas prácticas de entender XRP. Esto se basará principalmente en la ondulación criptomoneda (XRP) y no RippleNet porque como alguien interesado en invertir, usted querrá mirar los beneficios que Ripple ofrece a los individuos, no a las instituciones. Esto incluye información sobre el análisis a corto y largo plazo, así como la comprensión de la reflexividad de XRP para obtener una comprensión general de lo que va a ver en breve. Después de esto, los capítulos se centrarán en realmente empezar a operar, cómo puede hacerlo y qué estrategias debe adoptar para maximizar su beneficio.

ANÁLISIS

Esta sección se centra en proporcionar un análisis a corto plazo y perspectivas a largo plazo para la ondulación (XRP). Los números a corto plazo se ven bien para Ripple. Esto se debe a que, durante el tiempo de escribir esto (mediados de febrero de 2018), Ripple ya había sido capaz de recuperarse después de una caída que él y muchas otras monedas en el mercado habían enfrentado. Por otra parte, Ripple volvió con fuerza, ganando más de 30% en sólo una semana de trading que siguió. Uno debe considerar la situación en la que la ondulación podría ser sobrecomprada debido a las reacciones del mercado que se observaron, o si algún experto los apoya fuertemente, pero eso no es razón para dejar de comprar. Esto es cierto mientras el mercado siga viendo una mejora de la forma en que lo hizo. ¿Qué significa esto para el largo plazo y cómo está buscando ondulación en el futuro? Bueno, para responder sucintamente, se ve bien.

La moneda parece crecer día a día, con la última capitalización de mercado de Ripple; en el momento de la escritura, este libro era de $46 mil millones. No hay razón para que esto se detenga pronto. Por otra parte, en la semana pasada en sí, la moneda comenzó en $0.96 y terminó en un fuerte $1.19. Las asociaciones que Ripple ha estado haciendo con instituciones financieras de todo el mundo sólo están ayudando con el proceso. Uno de los factores que han afectado a esto, en particular, es el vínculo que tienen ahora con Western Union. Puede haber algunas líneas de resistencia en breve, particularmente cuando el valor de la moneda es alrededor de $1.25. Sin embargo, siempre y cuando supere eso, y la marca de $1.35-1.5, a pesar de la resistencia que está enfrentando, se ve bien para Ondulación. Esto es cierto, especialmente si Ripple sigue anunciando estratégicamente alianzas con empresas de todo el mundo.

El éxito de XRP – y el éxito en el tiempo venideros puede al menos en parte atribuirse a las empresas e instituciones financieras con las que se está asociando. Los casos de uso de Ripple sólo parecen estar aumentando. Esto se debe a que estas instituciones pueden ver que los marcadores de éxito de la ondulación están siendo recibidos por el equipo con un gran enfoque en la tarea. Los marcadores de ese crecimiento incluyen el crecimiento en diferentes áreas, como garantizar que la liquidez sea más fácil de obtener y facilitar la disponibilidad de espacios de mercado con fines comerciales, así como ampliar el alcance geográfico para abarcar una gama más amplia de ubicaciones.

Las instituciones financieras parecen estar cada vez más convencidas de la posibilidad del éxito de Ripple. Por ejemplo, la mayor compañía de servicios financieros en Japón ha decidido que Ripple sea uno de los listados en las monedas virtuales. Lo sorprendente es que hasta ahora es la única moneda virtual que se digna a ser listada a este efecto. El equipo de Ripple cree que esto les ayudará a cumplir su objetivo de facilitar transferencias de dinero más rápidas a tasas más baratas, y atribuir a SBI Virtual Currencies como uno de los principales factores que van a influir en él. Además de esto, Ripple también se ha asociado con instituciones principales, como Western Union (como se mencionó anteriormente) y MoneyGram. Por lo tanto, en cuanto a la perspectiva actual del mercado se está considerando, puede haber fluctuaciones, seguro – pero eso es normal para cualquier criptomoneda. La dirección general en la que Ripple parece estar dirigiéndose es hacia arriba.

Espero que el análisis a corto plazo y las perspectivas a largo plazo que se presentan en la misma sección le ayudaron a entender la diferencia entre los dos y el tipo de influencia que tienen. Es más probable que un análisis a corto plazo le ayude a considerar inversiones inmediatas y le ayude a establecer un patrón que facilite algún tipo de predicciones. Es probable que estas predicciones le ayuden con sus estrategias de trading a corto plazo. Por otro lado, dar una idea de las cosas que el software de la empresa, no la moneda, espera lograr - y está logrando, indica lo popular Ondulación va a ser pronto. Si estas asociaciones continúan de la manera en que están actualmente, no hay razón para suponer que Ripple irá a cualquier lugar, pero hacia arriba. Esto, además de su propensión a cumplir con las regulaciones gubernamentales, es decisivo en su perspectiva a largo plazo.

REFLEXIVIDAD EN XRP

La perspectiva de trading para Ripple se ve afectada por la reflexividad XRP. ¿Qué significa esto? Esto significa que hay un efecto circular entre el aumento de precios en XRP y las expectativas que los inversores parecen estar teniendo de la criptomoneda. Es decir, un aumento en el valor de Ripple XRP significaría un mayor conjunto de expectativas de aquellos que han invertido en ondulación. A su vez, esto influye positivamente en el valor de la moneda XRP, porque han logrado señalar que están cumpliendo con los objetivos que se propusieron por sí mismos. Lo que parece particularmente interesante para Ripple en este momento es que está satisfaciendo estas demandas, lo que significa que el valor de XRP está buscando aumentar en breve. Además, cuantas más instituciones financieras y servicios pueda asociarse con Ripple, más probable es que la señal enviada sea de confianza.

Otra influencia que esto tendría es que en el comprador común - la demanda de XRP aumentaría como resultado, y más personas pueden optar por adoptar XRP. Además de esto, factores como la liquidez y el alcance del mercado están aumentando como consecuencia, lo que también haría bien en impulsar su imagen en el ámbito institucional. La adopción de Ripple por las instituciones también puede facilitar una mayor confianza por parte del inversor cotidiano, un ejemplo más del posible efecto circular que se puede observar.

Además de esto, la opinión de expertos y otros factores influyen en el ruido del mercado sobre XRP. Para una inversión, por supuesto, usted debe estar buscando para ahogar el ruido y llegar directamente a los hechos del asunto. Sin embargo, toda la especulación que rodea a XRP puede ser algo bueno, ya que esto influiría en la opinión del mercado al menos en algún nivel. Ahora considere los efectos circulares que mencioné en los párrafos anteriores, y se dará cuenta de que esto significa que habrá un efecto potencialmente positivo en el valor de Ripple XRP. El tiempo que esto tomará es algo que está por verse, pero las cosas se ven bien de hecho.

PERSPECTIVAS GENERALES

Mirando el panorama general también dará una idea de lo sabio que es invertir en ondulación. La inversión parece que tiene un montón de potenciales – y esto se puede deducir de los patrones de trading que mencioné brevemente en las secciones anteriores de este capítulo. Hace apenas 24 meses, Ripple no había sido tomado en serio y apenas era considerado un competidor en el bullpen de las criptomonedas. Dado que se lanzaron tantos nuevos con regularidad, no era necesario observar que se diera a conocer uno en particular para el éxito. Pero esto ha cambiado drásticamente. En un momento de 2017, el precio de la moneda fue más de $2, lo que indica un salto en el valor que fue extremadamente drástico. Si bien ha habido estabilidad del mercado desde el crecimiento que Ripple ha estado mostrando es algo que uno necesita apreciar. Sin embargo, cuando usted hace estas inversiones, usted necesita tener cuidado con las fluctuaciones observadas en el mercado - e invertir sólo tanto como usted está de acuerdo con perder.

A pesar de todas las preocupaciones sobre la volatilidad, varios expertos que confían en Ripple creen que va a durar su período de balanceos - y salir de ella con un mayor valor. Esto también se puede deducir del número de instituciones corporativas que están estableciendo su confianza en Ripple. Dado que el protocolo y el software están recibiendo tanta confianza, ¿no existe una posibilidad significativa de que XRP muestre un crecimiento y ganancias similares? Bueno, si los patrones que observamos en la primera sección son cualquier indicación, no hay razón para creer lo contrario. Otra cosa a tener en cuenta es que el precio de XRP hace que sea mucho más asequible considerar como una opción de inversión - se puede obtener precios de monedas que son $2 o menos; contraste que con el valor de Bitcoin, y usted verá lo que quiero decir.

CAPITULO CINCO: COMENCEMOS CON RIPPLE

¡Ahora que hemos entendido lo que es Ripple - lo único que queda para que usted pueda hacer es empezar a invertir y operar! Es posible que te sientas un poco nervioso inicialmente, o que sientas que la tarea es un poco difícil, ¡pero no te preocupes por ello! Pronto te acostumbrarás. Recuerda, tienes la oportunidad de ganar tanto con Ripple, no dejes que tu miedo te detenga. ¡Ahora empecemos!

Coinbase es un popular intercambio de cripto-intercambio disponible en línea que se ha utilizado comúnmente para Bitcoin y Etereum. Mientras que Coinbase actualmente no tiene Ripple entre sus listados, está planeando cambiar eso muy pronto - y una vez que lo hace, usted será capaz de utilizar Coinbase para hacer sus inversiones, así. Mientras tanto, hay varios otros intercambios disponibles para que usted pueda comprar Ondulación de, y voy a elaborar sobre algunos de ellos y cómo se puede empezar en la sección de abajo.

OBTENCIÓN DE ONDULACIÓN (XRP)

Parte de la razón por la que Ripple ha ganado tanta popularidad es la confianza que ha establecido con las instituciones financieras en varios países de todo el mundo. Además de esto, más personas están empezando a darse cuenta de las ventajas de invertir en criptomoneda y volverse hacia eso en su lugar - haciendo criptomonedas más populares en general. Estos factores están impulsando la popularidad de Ripple, lo que significa que ya tiene la ventaja sobre algunos de sus competidores. Por

31

lo tanto, definitivamente tiene razón al pensar que Ripple podría ser la inversión correcta para que usted pueda hacer. Aquí hay algunos intercambios que puede utilizar para invertir en ondulación.

KRAKEN

Kraken es uno de los intercambios que ya han sido listados en el sitio web oficial de Ripple. El intercambio de cripto fue creado en 2011 y por lo tanto es un intercambio bien establecido que es popular entre sus usuarios. El proceso para crear cuentas en los intercambios criptográficos tienden a ser similares entre sí, aunque se benefician de conocer las diferencias, por lo que sabe exactamente cómo utilizar estos intercambios. El proceso básico es el siguiente: debe proporcionar sus datos, verificar su cuenta, transferir el número de fondos que desea invertir y, a continuación, usar esa suma para comprar XRP.

Con Kraken, la verificación es un proceso de cinco pasos por sí mismo. Todo lo que necesita hacer para comenzar es introducir su dirección de correo electrónico. Sin embargo, esto no significa que pueda empezar a comprar o crear transacciones en este momento. Hay varios niveles de cuentas que puede crear con Kraken, marcados mediante niveles. Los más comunes son los niveles 1 y 2. La diferencia entre estos es dos es la capacidad de operar con monedas fideias. Aunque una cuenta de nivel 1 no le permite hacerlo y le limita a monedas digitales, una cuenta de nivel 2 le permite utilizar monedas digitales y fideias. Ambas cuentas requieren información adicional para ser dada también. Por ejemplo, su nombre, país de residencia, fecha de nacimiento y número de teléfono son necesarios para una cuenta de nivel 1, mientras que el detalle adicional de su dirección es necesario para una cuenta de nivel 1. Esto significa que usted está obligado a tener una identificación gubernamental autorizada para usar este intercambio.

Como resultado, Kraken es conocido por la legitimidad de sus usuarios y tiene una reputación de la misma. Además de esto, el monto del depósito requerido es mínimo, los tipos de cambio se perciben como razonables, y el costo para poder realizar transacciones es bajo. Los comentarios de servicio al cliente para este intercambio parecen ser buenos, así, con su alcance en todo el mundo. Sin embargo, es necesario tener en cuenta que las opciones que tiene para el pago en este intercambio tienden a ser bastante limitadas. Por otra parte, la interfaz de usuario no es la más intuitiva, y esto podría hacer que sea un poco confuso para un principiante como usted.

OTROS INTERCAMBIOS CRIPTOGRÁFICOS

Mientras Ripple no está disponible en Coinbase por el momento, no deje que distraiga del hecho de que hay varios otros sitios web que hacen posible este intercambio. Estos incluyen GateHub, Coinone, Bitstamp, Poloniex, y así sucesivamente. Poloniex es otro intercambio popular para las personas que buscan el trading con Ripple. Tiene su propio conjunto de ventajas, así, en que el préstamo BTC es posible, una gran cantidad de comercio se produce en el intercambio y, lo que es más importante, el hecho de que es fácil de usar. La tasa de negociación en el intercambio también es bastante baja, lo que hace que sea una opción bastante atractiva. Sin embargo, la desventaja de Poloniex es que el servicio de atención al cliente que proporciona puede tardar mucho tiempo. Además de esto, no se puede operar en Poloniex utilizando monedas fideias. Es posible que desee considerar invertir en BTC con el único propósito de facilitar estos intercambios, pero esa es una opción que tiene que hacer. Hay varios intercambios disponibles que le permiten comprar XRP sin tener que hacer lo mismo - y depende de usted cuál de estos desea seguir adelante con. Aún así, hay algunos factores que debe tener en cuenta antes de elegir un intercambio.

FACTORES A TENER EN CUENTA

Dada la amplia variedad de opciones para los intercambios disponibles para usted, puede llegar a ser bastante confuso considerar lo que podría funcionar mejor para usted. Hay ciertos factores que debe tener en cuenta antes de seleccionar qué intercambio funciona mejor para usted, y estos se enumeran para usted a continuación.

HONORARIOS

Los intercambios tienden a tener diferentes niveles de tarifas, que van desde las tarifas de retiro a las tasas de cambio, y así sucesivamente. También tienden a diferir en sus políticas con respecto a cómo deben tener lugar los depósitos, y si ofrecen o no ofertas para hacer algo de esto más fácil para usted. En medio de todo esto, usted necesita ver cuáles son las tarifas de transacción - para que pueda estar seguro de que obtiene la mejor oferta por ahí para usted. La información sobre las tarifas y políticas debe estar fácilmente disponible para usted en el sitio web del intercambio, o después de una búsqueda rápida.

REPUTACIÓN

Esto debería ser igualmente fácil de comprobar. Un buen marcador de lo bueno que es cualquier producto lo que sus usuarios tienen que decir al respecto. Por lo tanto, es simple: busque información sobre esos intercambios. ¿Qué tiene que decir la gente que lo usa? ¿Los expertos parecen preferir el intercambio que está favoreciendo actualmente? Mirando sitios web, revistas técnicas e informes, y comentarios para ayudarle a obtener las respuestas que necesita!

OPCIONES DE PAGO

Esto puede parecer una cosa tonta a tener que considerar, pero hay algunos intercambios que no le ofrecen la amplitud de las opciones de pago que necesita. Usted necesita tener sus opciones, que van desde tarjetas de crédito a transferencias bancarias - ya que usted estará eligiendo la opción que es más conveniente para usted. Algunos intercambios pueden cobrar tasas de transacción más altas por el modo de pago que prefiera, y eso simplemente no funcionará. Además de esto, su intercambio de opciones también debe ser capaz de facilitar los servicios más rápidos posibles para usted - parte de esto viene de proporcionarle las opciones de pago correctas.

GEOGRAFÍA

Por supuesto, no hace falta decir que necesita un intercambio que funcione en el país de su residencia. Hay algunos intercambios por ahí que sirven a una base de usuarios muy específica y por lo tanto están disponibles sólo en esa región. Además de esto, existe la posibilidad de que las opciones de servicio sean limitadas en algunas naciones para algunos intercambios que usted puede elegir. Asegúrese de que puede acceder a toda la gama de funciones en su país de residencia antes de elegir un intercambio.

VERIFICACIÓN

Usted podría pensar en este proceso como un poco engorroso – pero la verdad es que ayuda a prevenir robos y estafas hasta cierto punto. Por lo tanto, podría ser para su beneficio elegir un intercambio que requiera que verifique su identificación. El proceso debe, en promedio, tomar un par de días para completar, pero después de eso, usted será capaz de utilizar su cuenta. Además, usted tendrá la comodidad de saber que usted está haciendo su parte para asegurarse de que no se estafa.

ALMACENAMIENTO DE ONDULACIÓN

Ahora que usted sabe cómo se obtiene ondulación (XRP) para el comercio con él, el siguiente paso se convierte en aprender cómo se puede almacenar la criptomoneda para su uso futuro. Ahora, la moneda digital podría no existir de forma física, pero sus operaciones y manejo son similares a los de la moneda convencional. ¿Qué significa eso? Bueno, para decirlo simplemente, para almacenar el XRP que ha obtenido, usted va a utilizar una cartera - al igual que sería para la moneda fiat. Y al igual que es importante para usted proteger la moneda física que tiene a mano, por lo que es importante asegurarse de que está almacenando su XRP de forma segura. Lo más arriesgado que hacer en una situación como esta sería dejar los tokens XRP en la cuenta de

36

intercambio - esto lo hace vulnerable a la amenaza de piratería, y usted no quiere perder ninguna de sus inversiones de esta manera. ¿Cuáles son las opciones disponibles para que usted pueda hacer de otra manera y salvaguardar su inversión? Bueno, tu mejor opción sería usar un servicio de billetera XRP y almacenar Ripple allí.

Esencialmente, un monedero XRP le permite almacenar claves privadas y públicas de una manera segura mientras que ser capaz de monitorear los saldos de su cuenta, así. Además de esto, su interacción con diferentes carteras blockchain ayuda a los usuarios a enviar y recibir XRP, como quieran. Sin embargo, mientras que otras criptomonedas tienen opciones de cartera disponibles de forma gratuita, lo mismo no es cierto para Ripple. Usted está obligado a tener un mínimo de 20 XRP en su cuenta para confirmar su XRP – sin embargo, este es un requisito de una sola vez cobrado sobre usted, y usted no tendrá que satisfacer esta demanda cada vez.

Además de esto, al igual que comparó los intercambios con el fin de averiguar lo que funcionaría mejor para usted, es necesario aplicar un proceso similar para elegir una cartera, así. Las tarifas de transacción son un servicio importante para buscar – trate de asegurarse de que es lo más baja posible. Obviamente, como el propósito de una cartera es proporcionarle una opción de almacenamiento seguro, es necesario mirar el grado de seguridad que ofrece. El tipo de billetera que elija determinará el número de características de seguridad que tendrá. Para entender, los tipos de carteras disponibles se pueden dividir en cuatro tipos básicos.

CARTERAS DE PAPEL

Una billetera de papel es la forma más básica de opción de almacenamiento disponible para usted, y es extremadamente antigua. Lo que hace es escribir su clave privada en una hoja de papel y luego colocar esta llave en una caja de depósito segura. Es posible encontrar equivalentes en línea para este proceso – sin embargo, que haría que este tipo de cartera (y por extensión, su clave privada), vulnerable a la piratería.

CARTERAS DE HARDWARE

El almacenamiento en frío es elegir la opción de almacenar su clave privada en un dispositivo que no está conectado a Internet. Como consecuencia, estas carteras son seguras, y se asegura de que no haya interacción con Internet. Una cartera de hardware funciona de forma similar al uso de una memoria USB.

CARTERAS DE ESCRITORIO Y MÓVILES

Este tipo de carteras se instalan directamente en el dispositivo de su elección. Mientras que una cartera de escritorio le da la opción de pCs y portátiles, necesitará un cliente criptomoneda para este propósito. Además de esto, se le pedirá que sincronice las transacciones que suceden a través de la cadena de bloques con la frecuencia que pueda.

Las carteras móviles son los equivalentes más ligeros de este tipo de carteras de escritorio, y a menudo requieren datos secundarios de un servidor para conectarse a una red antes de que los procesos transaccionales puedan comenzar.

CAPITULO SEIS: ESTRATEGIAS DE TRADING PARA RIPPLE

En el capítulo final de este libro, vamos a ver cómo va a ser capaz de obtener algo de sus inversiones. Anteriormente, nos centramos en cómo empezar a operar con Ripple (XRP), mientras que este capítulo trata de enseñarle cómo puede ser estratégico sobre sus inversiones. Después de todo, hay algo que decir acerca de su inversión sólo si vale la pena para usted. Por lo tanto, en este capítulo, vamos a ver maneras en que eso podría ser posible para usted.

Hay dos tipos de estrategias que puede emplear al operar con Ripple. El primero es el trading a corto plazo, que se refiere a la idea de que el trading de divisas en el mismo día o semana - esencialmente, usted no tiene las monedas con usted durante mucho tiempo. Siempre y cuando se asegure de que está trabajando inteligentemente de acuerdo con las fluctuaciones del mercado, usted estará de pie para ganar mucho de tal inversión. El otro tipo de trading es un enfoque más a largo plazo, donde usted no está buscando vender sus monedas inmediatamente, pero en su lugar, elegir mantenerlos hasta que llegue el momento oportuno para que usted pueda venderlo. Esto obviamente requiere que mantenga una conciencia de las ocurrencias actuales en el mercado global para ver cómo podría influir en sus posesiones. Por el contrario, las inversiones a corto plazo requieren que usted se centre activamente en el trading en un corto período de tiempo.

Comenzamos esta sección con una breve explicación de la estrategia a corto plazo, y las ventajas y desventajas que puede tener para usted. Por lo tanto, para empezar, las estrategias a corto plazo son aquellas inversiones en las que invierte sumas en Ripple y mantienen esta inversión sólo por un corto período. La duración de esta celebración puede ser en cualquier lugar entre minutos a un par de semanas más o menos. Tenga en cuenta que tal estrategia requerirá una cantidad significativa de esfuerzo en su nombre, ya que constantemente estará monitoreando el mercado para beneficiarse de su volatilidad. Esta volatilidad sólo se puede aprovechar si usted está alrededor para hacerlo, por lo que esta no es la estrategia para usted si prefiere mantener sus posesiones por un tiempo más.

Una cosa que usted necesita tener en cuenta, sin embargo, es el hecho de que mientras que el tiempo que invierte en él es mayor, también tiene la posibilidad de mayores ganancias. Sin embargo, el proceso puede ser en sí mismo estresante a veces, por lo que, usted necesita estar razonablemente seguro acerca de sus habilidades analíticas antes de elegir implementar este tipo de estrategia. De hecho, es una buena manera de generar retornos rápidos, siempre y cuando tenga tiempo para comprometerse con el proceso de manera consistente. También necesita tener una cantidad moderadamente decente de capital que se beneficiará de las ganancias que obtiene a través de estas fluctuaciones del mercado.

Antes de ir por una estrategia a corto plazo, debe preguntarse si tiene un criterio específico establecido para las inversiones que está realizando. Además, debe intentar decidir de antemano qué porcentaje de ganancia desea como su rendimiento cuando está invirtiendo, y si es práctico esperar tanto. Con qué frecuencia se va a establecer metas para usted mismo , esto es importante porque determina sus metas financieras. ¿Se utiliza mejor el tiempo que va a gastar supervisando el mercado en otro lugar mientras realiza una inversión a largo plazo en su lugar? Trate de responder a estas preguntas, y usted tendrá una idea sobre si la estrategia a corto plazo funciona para usted.

Permítanme seguir adelante y darle un ejemplo de una estrategia de negociación XRP a corto plazo. Considere el caso de la negociación diaria. Debido a que cada criptomoneda tiene una personalidad y vida propia, se vuelve importante establecer estrategias únicas para cada criptomoneda en la que está invirtiendo. Esto significa que la estrategia que tiene para Ripple (XRP) podría no ser la misma que la que tiene para, digamos, Litecoin. Las personas que han estado involucradas con el trading de criptomonedas regularmente comienzan a notar patrones en cómo funciona el mercado y cómo cambian los porcentajes de precios. Por supuesto, es posible que no pueda detectarlos desde el primer momento, pero siempre y cuando tenga sus habilidades analíticas en su lugar, pronto podrá notar estos patrones por sí mismo. Tal vez usted podría comenzar siguiendo una estrategia que alguien más ha recomendado. Luego, una vez que se sienta cómodo con el trading a corto plazo, usted será capaz de analizar y sacar conclusiones por su cuenta. En este punto, puede modificar la estrategia para satisfacer mejor sus necesidades, o incluso llegar a la suya propia en respuesta a los patrones que ve.

Divida el día que está mirando en intervalos de tiempo de su elección. Esto puede ser algo tan corto como cinco minutos, u otros múltiplos de ella. Un intervalo de tiempo común parece ser de quince minutos, ya que estará trazando gráficos basados en esto. Si sientes que es mucho trabajo, ¡no te preocupes! Las plataformas de trading le facilitarán esto. Hay franjas horarias específicas que son mejores tiempos para que usted compre XRP en comparación con otros – ya que hay días específicos que son buenos para esto, así. Trate de asegurarse de que usted compra en la dirección de la tendencia que la corriente parece prevalecer. Por lo tanto, si el precio de XRP está subiendo, es probable que continúe haciéndolo por un tiempo más, que funcionará a través de su beneficio.

Dentro de estas ventanas de oportunidad, usted es, por supuesto, libre de tomar su decisión sobre cuando específicamente, desea buscar para comprar. Usted estará navegando esto después de ganar algo de experiencia acerca de lo que los tiempos parecen funcionar, mientras que otros no. Para vender también, necesita emplear una estrategia que funcione eficazmente para usted. Recuerde que debe buscar para responder a esas preguntas que planteé anteriormente para hacerse una idea de lo que está buscando para obtener de esta inversión. Eso le ayudará a decidir cuándo querrá vender.

INVERSIONES A LARGO PLAZO CON RIPPLE (COMPRAR Y RETENER)

Las estrategias de inversión a largo plazo son esencialmente lo contrario de las estrategias a corto plazo. Esta estrategia se conoce a menudo como "compra y tenencia", una simple descripción de las tareas involucradas en esta estrategia de inversión. Para lograr esto, primero invertirá en una suma específica de XRP Ripple. Después de esto, usted decidirá que una condición determinada necesita ser satisfecha, o establece este criterio como el de tiempo, y mantener la inversión durante un largo período. Esto podría ser en la escala de varios meses a más de un año. Esto significa que usted está libre de tener que lidiar con la volatilidad que viene con el mercado y puede soportar ganar en el largo plazo de todos modos.

Si usted no está completamente seguro acerca de su capacidad para analizar el mercado técnicamente o cree que carece de las habilidades para hacerlo, es posible que desee ir por esta opción en su lugar. Sin embargo, esa no es la única razón para elegir una estrategia a largo plazo. También puede estar buscando hacer que el proceso de su inversión sea tan simple como sea posible para usted, y comprar y mantener sin complicar el proceso. Además, es posible que no tenga tiempo para monitorear activamente las fluctuaciones del mercado durante todo el día, y solo desea asegurar la inversión para más adelante. En este punto, también debe estar bastante seguro de que su inversión daría sus frutos a largo plazo.

Lo que debe hacerse son varias preguntas, incluso si desea elegir esta opción. ¿Cuándo vas a invertir en Ripple a largo plazo – vas a estar monitoreando el mercado para decidir esto, o será un caso de tu asequibilidad en un momento determinado? Una vez más, ¿en qué valor vas a vender – vas a esperar un período específico, por ejemplo, 18 meses, o vas a venderlo cuando alcance un valor en particular? ¿Se ve a sí mismo aferrándose a esta inversión en Ripple indefinidamente?

¿Cuánto estás dispuesto a perder, en caso de que tu estrategia no funcione? Responder a estas preguntas le hará considerar la inversión tan seriamente como necesita ser tomada – y ayudará a determinar si es realmente la elección correcta para usted.

La estrategia de compra y retención le da la opción de eliminar el ruido del mercado a corto plazo, ya que no tiene que responder a la volatilidad con el mismo sentido de inmediatez. La imagen más grande le mostrará la volatilidad que ve a corto plazo no se traduce tan fácilmente a largo plazo. Además de esto, su análisis de las tendencias más amplias le ayudará a asegurarse de que usted no tiene que preocuparse por un momento perfecto, y no está obligado por las mismas obligaciones que usted podría estar con el trading a corto plazo.

Ahora, no voy a decir que un tipo de estrategia es mejor que el otro - todo depende de cuánto tiempo, inversión, y energía personal que está buscando para poner en el proceso de inversión. Una vez que usted puede responder a preguntas tan importantes, no dudo que usted logrará cantidades razonables de éxito con Ondulación en el período que elija por sí mismo. ¡Por esto, te deseo suerte!

CONCLUSION

Esto concluye la guía de ondulación (XRP), diseñada para ayudarle a entender todo lo que un principiante necesita saber antes de comenzar a operar con criptomoneda. Gracias, una vez más, por seleccionar este libro, y espero que lo haya encontrado útil y que el libro haya hecho lo que se propuso hacer. Usted no estará mirando las finanzas y la moneda de la misma manera otra vez.

Algunas personas pueden encontrar la idea de entrar en una nueva opción de inversión un poco difícil y pueden estar demasiado nerviosos para dar ese paso. Sin embargo, sólo por el acto de comprar y leer este libro, te has demostrado que estás dispuesto a probar algo nuevo para llegar a donde quieres estar. De hecho, cada viaje exitoso comienza con un solo paso, y ya lo has hecho. Así que, ¡felicidades, la parte más difícil de esto ha terminado!

Traté de estructurar este libro de una manera que equilibra los aspectos teóricos y prácticos de invertir en criptomonedas. Espero que esto le ayude a entender tanto los porqués como los cómo trabajar de Ripple, y le hace mucho más seguro acerca de sus esfuerzos. Una vez que comience a invertir en Ripple, también notará que usted será capaz de ajustar las estrategias de trading para adaptarse a su necesidad - en respuesta a su intuición y análisis técnico. Puede que no empieces allí, pero nadie comienza su viaje como experto. Espero que este libro le da la confianza no sólo para invertir en una criptomoneda en particular, es decir, Ondulación, sino también la fe en sí mismo que realmente puede lograr lo que ha establecido en su mente. ¡Por esto, te deseo suerte!

45

RESOURCES

https://blockgeeks.com/guides/what-is-cryptocurrency/

https://cryptocrimson.com/xrp-ripple-price-update-18-february-2018/

https://oracletimes.com/ripple-xrp-western-union/

https://ripple.com/company/

https://steemit.com/investment/@quickpenguin/bitcoin-investment-strategy-long-term-hodl-vs-short-term-trading

https://www.coindesk.com/xrp-dichotomy-ripple-price/
https://www.coinspeaker.com/2018/01/12/moneygram-partners-ripple-pilot-ripples-xrp-token/

https://www.coinspeaker.com/guides/what-is-interledger-protocol/

https://www.forbes.com/sites/jessedamiani/2017/12/22/5-reasons-why-the-ripple-price-is-going-up-so-fast-will-the-xrp-surge-continue/2

https://www.forbes.com/sites/panosmourdoukoutas/2018/02/16/what-could-lift-bitcoin-ripple-ethereum-and-litecoin-prices-back-towards-new-highs/#4648b8956476

https://www.fxleaders.com/cryptocurrency/cryptocurrency-trading-the-buy-and-hold-approach

https://www.nasdaq.com/article/cryptocurrency-weekly-trading-outlook-bitcoin-ethereum-ripple-cm904967

LIBRO 2: CRIPTOMONEDA

Los 25 Errores Principales Del Trading Que Cometen Los Principiantes Y Cómo Evitarlos

INTRODUCCIÓN

La criptomoneda es, sin duda, la palabra de moda del siglo. No puedes evitar escucharlo; cada vez que se enciende un motor de búsqueda o un sitio de noticias en Internet, ahí está. Y lo único que realmente no puedes haber evitado ver es la forma fenomenal de que algunas criptomonedas están subiendo de precio. Antes de profundizar en la criptomoneda y cómo operar con ellos, es importante que usted sepa algo - aunque los precios están aumentando a un ritmo significativamente rápido, es vital que usted mira el panorama completo. Si lo hace, verá que también pueden bajar a un gran ritmo, en algunos casos, de la noche a la mañana. El comercio criptomoneda no es para los débiles de corazón y no es para aquellos que pierden su botella en la primera señal de un bamboleo en el mercado - habrá un montón de los que en el camino, créeme!

Entonces, el libro. Se llama "Los 25 principales errores comerciales", y se trata de criptomoneda, pero, en lugar de simplemente darle una lista directa de las cosas que no debería hacer, voy a decirle cómo empezar con el comercio criptomoneda y, a lo largo del libro, que va a encontrar esos 15 principales errores, junto con consejos sobre lo que debe y no debe estar haciendo.

Por favor, le ruego que entienda completamente lo que es criptomoneda y lea este libro ANTES de sumergirse y comenzar a operar. Confía en mí cuando diga que te ahorrará mucho dolor más tarde.

Descargo de responsabilidad: No soy un experto financiero y el consejo dado en este libro es sólo consejos útiles amistosos que con suerte pueden evitar que cometa un grave error de comercio. Si necesita asesoramiento financiero, asegúrese de consultar a un experto financiero independiente con experiencia en el comercio de criptomonedas.

CAPÍTULO 1: UNA BREVE DESCRIPCIÓN GENERAL DE LA CRIPTOMONEDA

Comience siempre desde el principio; entender lo que es la criptomoneda. No tengo ninguna duda de que usted piensa que usted sabe; has oído mucho sobre ello recientemente, pero es posible que todavía estés buscando esa definición que tiene sentido. La forma más sencilla de explicar criptomoneda es decir que no es más que dinero en una plataforma de software. ¡Whoa! ¿Dónde entró el bit de la plataforma de software? Quiero decir, la criptomoneda es sólo dinero digital, ¿no? Sí, lo es, pero usted necesita entender que aquellos que están desarrollando estas criptomonedas también están desarrollando nuevas plataformas de software. Permítanme tratar de hacer que sea un poco más fácil de entender mirando un par de otras plataformas que usted está más que acostumbrado a utilizar. Saber cómo funcionan estos le dirá más acerca de cómo funciona criptomoneda.

- Windows – plataforma de software para ordenadores

- Dropbox – plataforma de software para el almacenamiento y el intercambio de documentos

- Fedwire – plataforma de software para enviar dinero de una institución financiera a otra

Cada plataforma funciona con el mismo principio de que se intercambia una especie de dinero por el uso de la plataforma:

- Windows: usted compra la licencia para usar Windows usando su propia moneda local

- Dropbox: compras una suscripción para usar el software para almacenar y enviar documentos, incluida una cantidad de espacio de almacenamiento

- Fedwire – cuando envía moneda, debe pagar una tarifa por cada transacción

¿Tiene sentido hasta ahora? En ese momento, cada uno de ellos tiene una base de datos conectada:

- Windows – almacenado en su propio ordenador

- Dropbox: almacenado en los servidores que utiliza Dropbox

- Fedwire – almacenado en los servidores que utiliza Fedwire

Entonces, ¿cómo se relaciona todo esto con la criptomoneda? En resumen, en lugar de usar la moneda fideia (la moneda de papel que utiliza en su país), usaría una criptomoneda para comprar los mismos servicios y la base de datos es la cadena de bloques, de la que hablaremos un poco más tarde.

Sin embargo, antes de seguir adelante, hay una pregunta que necesita responder: ¿es una criptomoneda lo mismo que una moneda fideia? No exactamente.

Las criptomonedas se desarrollaron como una forma de mejorar en las redes o sistemas de software existentes que ya tenemos. Tomemos PayPal, por ejemplo. Cuando envías dinero a alguien o haces un pago por algo (lo mismo se aplica a Western Union o Fedwire), esencialmente estás enviando una moneda fideia por medios electrónicos. Pero ahí es donde se detiene la similitud.

PayPal y otras plataformas como él son restrictivas porque hay tanto que no se puede hacer - no se puede enviar dinero a o recibirlo de ciertos países, por ejemplo, como Nigeria. La idea detrás de criptomoneda es hacer estas transacciones más flexibles, más abiertas y más globales. Por supuesto, esto sólo se aplica a las criptomonedas como Bitcoin que son una moneda digital y se pueden utilizar para compras. Otras criptomonedas, como Ethereum, son más una plataforma y la criptomoneda no se puede gastar como Bitcoin puede. Sin embargo, puede ser negociado.

Entonces, ¿la criptomoneda está clasificada como dinero real? Sí. Sin embargo, debido a que es un concepto relativamente nuevo, tomará tiempo ser más ampliamente aceptado. Hay sitios web donde se puede pagar por bienes o servicios utilizando Bitcoin, pero tenga en cuenta que, debido a que todo esto es relativamente nuevo, Bitcoin es el único que es ampliamente aceptado.

UNA BREVE MIRADA A LA CADENA DE BLOQUES

Entonces, ¿qué es una cadena de bloques? En términos simples, es una base de datos, como las bases de datos que mencionamos anteriormente con las plataformas de software comunes. Hay una gran diferencia entre cómo crees que funciona una base de datos y cómo funciona la base de datos blockchain.

La mayoría de las veces, una base de datos se almacena en su propio equipo personal o en un servidor en una ubicación específica. La empresa propietaria de la base de datos puede tener servidores redundantes en todo el mundo, pero solo respaldarán sus datos hasta un par de ellos. Además, gastarán millones de dólares cada año en proteger esos datos con ciberseguridad.

Con la cadena de bloques, sus datos bien pueden ser respaldados en miles de computadoras en todo el mundo a un costo muy reducido. La información que se mantiene en una base de datos de bloqueo se cifra muy fuertemente, incluso en la medida en que los archivos se rompen en pedazos y se almacenan por separado - de esta manera, si una pieza puede ser expuesta, no va a exponer todo el asunto.

Si los datos mantenidos en un servidor en la red se ven comprometidos por un hacker, toda la red, cada equipo en la red debe estar de acuerdo en que el hack, los datos que se ve comprometido, fue cambiado legítimamente. Incluso uno no está de acuerdo, el cambio es expulsado y se remonta a cómo era. Esta es una forma muy simple de explicar una cadena de bloques, pero debería darte una idea de cómo funciona y cuáles son los beneficios.

Por lo tanto, si sus datos se almacenan en su propio PC, usted tiene un único punto de error y aquí es donde un hacker va a entrar. En la cadena de bloques, hay miles de copias de sus datos y eso hace que sea prácticamente imposible comprometerse, asegurando sus datos y ahorrando dinero en ciberseguridad.

Supongamos que tiene una suma significativa de dinero en su cuenta bancaria. Mañana, un hacker entrará en la computadora del banco y él tomará todo su dinero de su cuenta y lo pondrá por su cuenta. Luego eliminará todo rastro de que la transacción alguna vez tuvo lugar y que te dejará sin un centavo sin mucho recurso.

Con la cadena de bloques, si un servidor es hackeado y una transacción falsa puesta en la base de datos, no coincidirá con los miles de copias de esa base de datos repartidas por todo el mundo. Sería visto como un falso y expulsado de la base de datos. Su dinero es seguro y es por eso que esta tecnología es tan prometedora, una tecnología que va a cambiar el mundo financiero tal como lo conocemos.

Capítulo 2: Los riesgos de operar con criptomonedas

Por lo tanto, usted entiende los conceptos básicos de criptomonedas y cadenas de bloques; antes de que veamos cómo comercia, necesita saber cuáles son los riesgos. Hay, como con cualquier comercio, mucho, pero los tres que realmente necesita ser consciente de son:

Algunas de las tecnologías criptomoneda no lo lograrán

Hay más de mil de estas criptomonedas y algunas de ellas fallarán. Al final del día, son sólo software y son creados por individuos o empresas. Y como algunas de esas compañías .com cuando la burbuja de punto-com estalló espectacularmente, por lo que algunas de estas seguirán el mismo camino. Por el momento, las criptomonedas son un tema candente; algunos de ellos han aumentado de valor en unos pocos miles por ciento en sólo un par de meses y gran parte de esto se reduce a la exageración y la pura ignorancia. Muchas personas se enamoraron de ella cuando se desarrolló Internet por primera vez, invirtiendo en algo que iba a cambiar el mundo. ¿Y lo hizo?

Bueno, sí lo hizo, pero en el primer tramo de empresas en Internet hubo una gran cantidad de dinero que empujó el bombo alrededor de estas empresas al límite y fracasaron. Tenga en cuenta; al igual que las acciones y las acciones, algunas de las criptomonedas definitivamente cambiarán el mundo, mientras que otras explotarán y explotarán en nada. Y eso lleva a nuestros primeros dos errores:

Error 1: No seguir las noticias

Aquellos que no tienen experiencia en el comercio tienden a olvidarse de las noticias y cualquier otro factor que afecta a las criptomonedas. Esto no sólo le impide seguir las tendencias en los aumentos de precios (lo creas o no, esto sucede muy repentinamente en criptomoneda), también significa que es más probable que termines yendo por uno que se ve bien pero resulta ser un completo fracaso.

Error 2: No hacer su tarea

Esto es similar al primer error: no hacer la tarea. No sólo siga las noticias que ves; hacer su propia investigación, unirse a los foros criptomoneda y averiguar todo lo que pueda sobre cualquier criptomoneda antes de decidir el comercio en ella. Usted no sabe cuáles son las tendencias, usted no sabe cuáles son los patrones, y usted no sabe qué criptomonedas son reales y cuáles son las estafas. Para algunos, la necesidad de conseguir el comercio muy a menudo entierra la necesidad de investigar primero, pero esto podría costarle caro.

A partir de eso, hay un montón de estafas, por lo que realmente tiene que tener cuidado. Cualquiera puede llegar a una nueva criptomoneda; es de ti para averiguar cuáles son cuáles.

Error 3: Caer en estafas

Cuando usted comienza a operar, lo natural es identificar un altcoin que potencialmente probará su valor y luego invertirlo en mientras el precio es todavía bajo - cuando el precio sube, su barco entra. El mercado altcoin está experimentando un enorme crecimiento en este momento y muchas de las monedas digitales que estamos viendo llegar al mercado pueden no ser lo suficientemente buenos para invertir o operar en.

Podría ir en contra del grano para exhibir una cierta cantidad de precaución cuando usted está comprando altcoins para el comercio, pero puede ir un largo camino hacia mantenerte alejado de las estafas. Si usted queda atrapado en un esquema de bomba y volcado puede ver su inversión eliminada durante la noche. Un esquema de bomba y volcado es donde individuos o grupos. Un esquema de bomba y volcado es donde una moneda o token se exagera sin ninguna base o base real para aumentar el precio de forma temporal. Las monedas se venden o se vuelcan en el mercado al precio más alto y esto hace que el precio caiga. Esto se hace generalmente alrededor del momento de un nuevo lanzamiento

También debe evitar altcoins que sólo se pueden obtener a través de un sistema cerrado. Estas monedas tienden a ser extraídas por la empresa propietaria y sólo pueden ser negociadas en ese sistema de la empresa. Los precios en estos se pueden manipular fácilmente y se puede ver una gran pérdida casi al instante. Tenga cuidado en todo momento y minimice sus posibilidades de ser atrapado.

NECESITA UNA CIERTA CANTIDAD DE CONOCIMIENTOS TÉCNICOS

No es necesario ser un codificador experto, pero sí necesita ser razonablemente bueno con las computadoras. Gran parte de esto se debe a las interfaces que utilizan las plataformas de trading; no son muy fáciles de usar en este momento.

Ahora, no te hagas la idea equivocada aquí; No voy, ni por un minuto, a llamar estúpido a nadie; Sólo digo que si usted no tiene un conjunto de habilidades específicas, entonces manténgase alejado del comercio hasta que lo tenga. De lo contrario, podría terminar perdiendo un cobertizo de dinero sin siquiera intentarlo. Permítanme darles un ejemplo; si no puedes tejer, entonces no es bueno tratar de hacer tus propios jumpers. ¡Si lo hicieras, se vería un poco en el lado extraño! Si realmente quieres involucrarte, busca a alguien que sepa ayudarte.

HAY MUCHOS RIESGOS CON LA TECNOLOGÍA Y LOS CORREDORES

Criptomoneda sigue siendo una tecnología emergente y eso significa que todavía hay un montón de incógnitas de comercio. Todavía no sabemos realmente cómo los corredores reaccionarán a los eventos que salen de la nada y si usted pensaba que los comerciantes de Forex estaban un poco en el lado riesgoso, usted debe al menos duplicar ese factor de riesgo para los corredores criptomoneda. Esto no es porque sean caracteres sombríos, aunque algunos lo sean, sino simplemente por las incógnitas.

Las lecciones reales aquí son confiar en los intercambios más grandes en lugar de los corredores de opciones y no mantener todas sus monedas en el corredor - cambiarlos a su cartera - más acerca de ellos más tarde.

Capítulo 3: Comprar y almacenar su criptomoneda

Antes de que usted puede comenzar a operar en criptomoneda, obviamente usted necesita comprar algunos primero. Comenzaremos con Bitcoin en parte porque es el más popular y en parte porque algunas de las otras criptomonedas sólo se pueden comprar usando Bitcoin. Comprarlo es en realidad el bit más fácil, especialmente si vas a invertir en Bitcoin y no necesitas almacenarlos.

Si desea invertir, busque productos financieros basados en Bitcoin. Ejemplos serían la inversión de Segundos Mercados en las bolsas de EE.UU., XBT Tracker para los mercados alemán y sueco, Bitcoin ETI para los mercados alemán y Gibraltar, y, a medida que Bitcoin sigue aumentando, podemos esperar ver más y más de estos.

Lo que hacen estos vehículos de inversión es permitirle apostar por el precio de Bitcoin sin la necesidad de comprar ninguno. Hay quienes dicen que no hay diversión en este tipo de inversión, pero es una de las maneras más fáciles de sumergir los dedos de los dedos de los dedos en el agua e invertir en el éxito de la primera criptomoneda. En este momento, estos productos sólo existen para Bitcoin, pero tanto Europa como EE.UU. están progresando en su puesta a disposición de otros

Comprar Bitcoin

Pero no se trata de eso. Queremos comprar Bitcoin real, por lo que podemos operar con ellos y para esto, como un principiante, que necesita un intercambio. Hay cientos de estos en todo el mundo y algunos de los más reputados incluyen:

- Bitcoin.de (Europa)
- BitFinex (Estados Unidos)
- Bitflyer (Asia)
- BitStamp (Estados Unidos)
- BTCChina (Asia)
- Coinbase (Estados Unidos)
- Géminis (Estados Unidos)
- Kraken (Europa)
- OKCoin (Asia)

En su mayor parte, comprar Bitcoin no es tan difícil. Usted elige su intercambio; abres la cuenta. Se le pedirá que verifique su identidad – esto es requerido por la ley en la mayoría de los lugares debido a las reglas contra el lavado de dinero. Luego pones moneda fideia en tu cuenta. Esta será la moneda que utilice actualmente, pero tenga en cuenta que algunos intercambios solo aceptan ciertas monedas, como Euro, Dólar, GBP, etc. Algunos intercambios le permitirán operar con otros usuarios directamente, lo que significa que no necesita depositar ningún efectivo real.

La verdadera pregunta gira en torno a qué intercambio utilizas y gran parte de eso se reducirá a donde estás residiendo. Si puede, elija uno que esté cerca de usted físicamente, preferiblemente en la misma jurisdicción si puede. De esa manera, si algo va mal, al menos tienes la oportunidad de recuperar parte o todo tu dinero legalmente. Si no hay uno en su jurisdicción, entonces elija uno que tenga una buena reputación y tenga su sede en un país que sea estable y tenga el respaldo de un sistema legal decente.

Otros factores que determinarán su elección de intercambio son la criptomoneda que usted está buscando para comprar y la cantidad de paciencia que tiene. Si desea obtener sus manos en cantidades significativas de Bitcoin en poco tiempo, necesita un gran intercambio que proporciona suficiente liquidez. Si las cantidades más pequeñas son lo que quieres, y no tienes ninguna prisa en particular, echa un vistazo a algunos de los intercambios más pequeños. Estos tienden a ofrecer mejores precios en los pedidos cumplidos que los intercambios más grandes.

OTRAS CRIPTOMONEDAS

Bitcoin no es la única criptomoneda, pero es el más caro en este momento. Si prefiere invertir en los más baratos, entonces usted necesita mirar algunas de las altcoins superiores. Algunos de los principales intercambios ahora están traficando en ti monedas, intercambios como Kraken, BitStanp, y BitFinex, por ejemplo, ahora están enumerando altcoins como Ripple, Monero, Ethereum, y Litecoin. Si desea estos en su cartera de operaciones, a continuación, hacer todas sus compras en un intercambio. La cosa es, hay literalmente cientos de altcoins y usted tiene otra opción. Si comprar y vender es lo tuyo, entonces necesitas un 'cripto-supermercado'. Estos le permiten comprar y vender un gran porcentaje de las diferentes altcoins y tendrá que obtener una cuenta en un intercambio altcoin. Algunos de ellos son:

- Bithumb
- Bittrex
- Poloniex.
- Yunbi

Echa un vistazo a un sitio web llamado coinmarketcap, ya que esto enumerará todos los intercambios criptomoneda en orden del volumen de comercio.

Los intercambios Altcoin no tienden a tener reglas muy fuertes De Conocer a su Cliente (KYC) como los Bitcoin, ya que no suele utilizar moneda fimida para operar. Puede depositar Bitcoin en su cuenta y esto se utilizará para comprar las otras monedas. Sin embargo, al igual que con los intercambios Bitcoin, tenga cuidado con el intercambio que elija. Necesitas uno que tenga un alto nivel de confianza, así que haz tu tarea a fondo. Además, muchos de los intercambios altcoin no tienen ninguna regulación y se encuentran sobre todo en Asia, así que nunca poner demasiado de su confianza en ellos - la razón simple es, usted no tiene una buena oportunidad o recuperar cualquier dinero si los archivos de intercambio para la bancarrota o que son hackeados. Las bolsas enumeradas anteriormente están en los Estados Unidos y tienen un historial probado de un entorno comercial que es seguro.

Los siguientes errores comerciales que los principiantes tienden a cometer están vinculados a esta parte del proceso:

ERROR 4: ELEGIR EL INTERCAMBIO EQUIVOCADO

Todo el mundo debe ser consciente de que el número de diferentes altcoins que vienen al mercado están aumentando significativamente, pero también lo son los números de diferentes intercambios. Cuando Bitcoin salió por primera vez, sólo teníamos una pareja, pero todo el mundo parece estar saltando en el carro y, al igual que cualquiera puede crear un nuevo altcoin, lo mismo se aplica a los intercambios.

El gran problema con eso es que no todos son creados de la misma manera y un nuevo intercambio, uno que no ha sido probado podría resultar ser una pesadilla financiera - pueden no ser accesibles todo el tiempo, pueden chocar en un momento inoportuno , pueden decidir no respetar una solicitud de retirada y también pueden estar más abiertos a la piratería.

Como un principiante para el comercio de criptomonedas, usted debe optar por utilizar sólo los grandes intercambios conocidos y de confianza, aquellos que están completamente probados, de buena reputación y apoyar una buena gama de las criptomonedas más populares. Usted puede pensar que usted está perdiendo alguna oportunidad si usted hace esto, pero usted siempre debe tener la seguridad de su dinero en mente y tratando de obtener su moneda de nuevo de un intercambio que es desconocido y no confiable podría estar cerca de imposible.

ERROR 5: PONER LA MAYOR PARTE DE SU DINERO EN MONEDAS POBRES E INESTABLES

Si usted compra criptomonedas que no son estables y son altamente impredecibles, entonces usted está poniendo su dinero en alto riesgo. Muchos principiantes cometen el error de elegir una criptomoneda barata porque piensan que pueden obtener más por su dinero, pero, cuando una moneda no es estable y tiene una capitalización pobre, cuanto menos dinero se debe invertir en ella. Si vas en contra de esta regla y pones tus ahorros de toda tu vida en una de estas monedas, en algún lugar al final te arrepentirás porque de repente entenderás que fue la decisión equivocada. Mira la moneda – si está bajando regularmente de precio y no hay ninguna pista de que el precio subirá de nuevo en un futuro cercano, si ya has invertido en ella tienes sólo dos opciones – fijar la pérdida (más sobre eso en un poco) o esperar a que el precio vuelva a subir Otra vez.

ERROR 6: DEPOSITAR MÁS DE LO QUE PUEDE SIN TENER EN CUENTA PERDER

Es emocionante, invertir dinero en algo que estás tan seguro de que va a ser un ganador, pero las inversiones son cosas volubles. Sabemos que el mercado de valores sube y baja, pero el mercado de criptomonedas lo hace mucho más rápido y sin ninguna advertencia. No es inaudito que los principiantes totales inviertan todo lo que tienen, incluso llegando a la medida de sacar líneas de crédito sólo para obtener más dinero en su inversión, sólo para perder todo cuando sus tanques de inversión. Realmente es de sentido común empezar pequeño, nunca invertir más de lo que se puede permitir cómodamente perder - y eso significa dinero que nunca se perderá si todo va en forma de pera. Usted nunca debe invertir mucho dinero hasta que tenga experiencia en el comercio y saber exactamente lo que está haciendo.

ERROR 7: COMPRAR CUANDO LOS PRECIOS ESTÁN EN SU APOGEO

Si usted no hace su tarea y simplemente saltar directamente en el mercado, comprando a cualquier precio está disponible, hay una buena probabilidad de que usted está comprando al precio máximo. Al igual que una acción o comercio de Forex, sólo hay una manera de ir desde allí - y eso es abajo. Usted puede, si usted puede permitirse, sentarse fuerte y esperar a que el precio para subir de nuevo - con algunas criptomonedas, aumento y caídas en el precio son una cosa regular por lo que sólo será una cuestión de tiempo. En serio, vigile los mercados durante un tiempo antes de invertir. Obtener una idea de los patrones de comercio, para los patrones de precios antes de dar el paso de poner dinero en él para que al menos tenga la oportunidad de hacer algún beneficio.

ERROR 8: IGNORAR LA SEGURIDAD

Uno de los mayores errores que cometen los principiantes es ignorar la seguridad. Con eso, me refiero a la seguridad de su ordenador, su correo electrónico, su perfil de intercambio, etc. Siempre, utilice siempre la autenticación de dos factores para mantener su perfil de plataforma seguro y nunca hacer nada en un equipo que no tenga protección antivirus que no sea confiable. Para mantener sus fondos seguros, puede:

- Almacene sus reservas y sus ganancias en el intercambio

- Retírelo del intercambio; en el caso del dinero fiduciario, sólo deposite lo que necesitará para una compra, no es aconsejable depositar grandes cantidades por si lo necesita

Si tiene plena confianza en el intercambio, está utilizando y se cumplen todos los requisitos de seguridad, la primera opción está bien. Si usted no está convencido o quiere errar en el lado de la precaución, ir con la segunda opción y a continuación, vamos a ver la mejor manera de almacenar esa criptomoneda fuera del intercambio.

ALMACENAMIENTO DE SU CRIPTOMONEDA FUERA DE BOLSA

Por lo tanto, ha abierto su cuenta en el intercambio, hizo su depósito y compró su criptomoneda. Deberías sacarlos del intercambio. Con toda honestidad, la única vez que los dejaría allí es si usted está involucrado en el comercio de día o va a hacer una compra inmediata con ellos.

Entonces, ¿dónde almacenas tu criptomoneda si no deberías mantenerla en el intercambio? Usted utiliza una billetera específicamente hecha para la criptomoneda. Las carteras de criptomonedas vienen en algunos formatos, pero son esencialmente una billetera digital. Almacenas tus monedas en una y las usas para enviar y recibir criptomonedas. La mayoría de las monedas criptográficas tienen su propia cartera oficial o algunos de terceros que se recomiendan oficialmente. Entonces, ¿cómo funcionan estas carteras?

Sus monedas criptográficas no se almacenan realmente en una cartera; más bien se almacenan en la cadena de bloques. Su billetera tendrá dos claves asociadas con él, uno privado y otro público. La clave privada es una cadena de caracteres aleatorios que demuestran que es el propietario de la clave pública. La clave pública también es una cadena de caracteres

66

aleatorios y está conectado a su moneda en la cadena de bloques.

La clave pública es lo que se utiliza cuando se desea enviar o recibir criptomoneda y la clave privada es similar a ser una contraseña. Nunca debe revelar su clave privada a nadie y nunca debe dejarla tirada alrededor de donde puede ser robada. Si olvida su clave privada, perderá el acceso a sus fondos y si le roban su clave privada, esa persona puede acceder a sus fondos y no hay nada que pueda hacer al respecto. No lo olvides, las criptomonedas no están reguladas, así que, a diferencia de tu banco donde tienes algún recurso si tu cuenta fue hackeada, no obtienes ese cojín con criptomoneda.

Carteras. Hay algunos tipos diferentes y los más populares son:

1. Una cartera de software

Esta es una pieza de software que se instala en su ordenador. Usando uno de estos medios que su moneda se almacena en su ordenador y hay dos desventajas a esto - uno es que usted tiene que acceder a su ordenador físicamente para llegar a sus monedas y la otra es que si usted no tiene suficiente seguridad y su ordenador es hackeado , podrías perder las monedas. Sin embargo, es más seguro que almacenar sus contras en el intercambio. Todo lo que necesita hacer es elegir su billetera de software, descargar y empezar a usarlo.

2. Una cartera web

Las carteras web son convenientes, especialmente cuando están vinculadas a una cartera de software, ya que le permiten acceder a su criptomoneda desde cualquier lugar que desee, siempre y cuando tenga acceso a Internet.

Sin embargo, nunca debe utilizar uno de estos para almacenar grandes cantidades de moneda en porque son phished y hackeado regularmente. Si eliges uno de estos para pequeñas cantidades de moneda, asegúrate de elegir uno con una buena reputación.

3. Una cartera de hardware

Estos son muy recomendables si desea almacenar cantidades significativas de moneda de cripto. Al igual que almacenarlos en un disco duro, la cartera de hardware es un dispositivo especialmente diseñado, una pieza de hardware que ha sido construido con el único propósito de almacenar criptomoneda de forma segura y segura. Conectas la cartera a Internet cuando quieres transferir moneda y subir tus datos y desconectarlos cuando no los estés usando para que tus monedas sean seguras, y tus claves privadas también se puedan mantener seguras.

4. Una cartera de papel

Las carteras de papel le permiten imprimir su clave pública y clave privada en papel para que pueda almacenarla físicamente. Esto significa que no se almacena ninguna moneda en línea y tampoco cualquiera de sus datos digitales. Es una forma extremadamente segura de almacenar la moneda y mantenerla fuera de peligro, pero usted necesita mantener ese pedazo de papel seguro. Haga varias copias de ella y guarde cada una en un lugar separado. Tenga en cuenta que el papel se quema, rompe y se desvanece, así que piense en laminar su billetera de papel y almacenarla en una caja de seguridad de metal o una caja de seguridad bancaria. Una vez más, perderlo y se pierde el acceso a su cartera y sus monedas.

Capítulo 4: Las reglas del comercio de criptomonedas

Al igual que con cualquier tipo de comercio, siempre hay reglas, y las reglas criptomoneda deben seguirse si usted va a tener éxito.

REGLA 1: EMPEZAR PEQUEÑO PERO PENSAR EN GRANDE

Este es también uno de los mayores errores que cometen los principiantes, así que voy a atar los dos juntos en una sección:

ERROR 9: OPERAR CON MUCHO DINERO

La primera regla es mantener su riesgo lo más bajo posible y para los principiantes, eso significa conocer el mercado y entenderlo antes de ir a lo grande en sus apuestas. Usted ya sabe que la criptomoneda es muy volátil, y sería tan fácil perder toda o la mayor parte de su inversión en un solo día. Por lo tanto, es importante no apresurarse demasiado o demasiado emocionado y tirar todo su dinero en. Comience poco a poco, no más del 1% de todo el valor de su activo, una cifra que potencialmente podría ser capaz de perder sin demasiados problemas.

No hay manera de que pierdas más dinero del que realmente pones así que, como dije en el último capítulo, no inviertas más de lo que puedes permitirte perder, y estarás bien, incluso si las cosas van mal. Antes de optar por invertir y decidir cuánto poner, hay un par de cosas que hacer:

1. Mira MarketCap en las cinco principales monedas, echa un vistazo a sus patrones y mira aquellos cuyo precio se ha sumergido en la última semana.

2. Observe los precios actuales del mercado y ponga órdenes más pequeñas ion a múltiples diferencias de precios. Por ejemplo, si la moneda está operando a $1000, usted colocaría una orden límite en 2%, luego en 5%, y luego 10% por debajo del precio de mercado. Sea paciente; las órdenes limitadas deben probar los límites de las fluctuaciones en el precio. No lo embotella sólo para ejecutar la orden de inmediato.

Otro punto importante y otro error que cometen los principiantes es no poner todo su dinero en una criptomoneda. Si lo haces y empieza a tanque, no vas a ser feliz. Diversifique un poco, no demasiado y le diré por qué más adelante, y sus pérdidas, si las hay, serán mucho más pequeñas. Por ejemplo, si pones el 10% de tu depósito total en una moneda y cae un 10%, tu pérdida no es superior al 1%.

REGLA 2: COMPRAR A UN PRECIO BAJO Y VENDER A UN PRECIO ALTO

Pensarías que esto no necesitaba decirlo, ¿verdad? Quiero decir, ¿quién va a pagar un alto precio por algo y luego venderlo a uno más bajo? Pero entonces, pregúntate esto; ¿por qué alrededor del 80% de los comerciantes pierden todo su dinero? La emoción se interpone en el camino en la mayoría de los casos y las personas hacen cosas irracionales cuando son emocionales. Cuando comience a operar, siempre establezca objetivos de precios. También puede establecer límites en las ganancias/pérdidas para obtener orientación al comprar o vender. Para empezar, establece un límite de no más del 10% en cualquier dirección de cualquier movimiento en el precio para evitar que caigas en emoción.

REGLA 3: DIVERSIFICAR ENTRE INVERSIÓN Y COMERCIO

Esto se conoce como 'hoddling' y lo que no voy a hacer es entrar en cualquier debate sobre si el comercio o la inversión produce los mejores rendimientos. El trading consiste en comprar con frecuencia y con frecuencia la venta para obtener beneficios de los cambios en el precio de mercado, mientras que invertir consiste en obtener un beneficio a largo plazo a través de la compra de activos y la venta. Mantenga su cartera tan equilibrada como pueda; invertir algo de dinero en criptomonedas estables como Bitcoin, Litecoin, Ether y Ripple y el comercio en aquellos que no son tan conocidos, como dash, iota, nem, etc.

ERROR 10: DIVERSIFICAR DEMASIADO TEMPRANO

Ahora voy a poner una llave en marcha. Si bien debe diversificar su cartera, no debe hacerlo demasiado rápido y tampoco debería diversificarse demasiado. ¿por qué? El mundo de la moneda digital está por todas partes; hay altcoins que golpean el mercado a la izquierda, derecha y centro y realmente no es fácil decir cuáles son reales y cuáles son las estafas.

Lo he dicho antes, lo diré de nuevo; hacer su investigación. Elija sólo aquellas monedas que tienen una amplia distribución, tienen altas capitalizaciones y volúmenes de trading que demuestran su longevidad. Comience poco a poco y obtenga algo de experiencia antes de diversificarse demasiado pronto.

REGLA 4: APRENDER LA CORRELACIÓN ENTRE BITCOIN Y ALTCOINS

En este momento, Bitcoin tiene dos tercios del mercado y cuando su precio cambia, tiene un efecto knock-on en todo el mercado criptomoneda. Una cosa que atrae a los comerciantes es la liquidez del mercado y, si el precio de Bitcoin fuera a subir rápidamente (que ha hecho recientemente), entonces tendrían un gran incentivo para reducir sus tenencias de altcoin y reinvertir en Bitcoin. La correlación entre los dos es fácil de entender – si es positivo, entonces el precio de las altcoins subirá junto con Bitcoin y si es negativo, caerán a medida que Bitcoin suba.

REGLA 5: APRENDER A DETECTAR LAS BOMBAS Y LOS VOLCADOS

Los intercambios de criptomonedas no están regulados, y esto significa que los grandes jugadores pueden manipular fácilmente el mercado. Lo hacen comprando rápidamente la liquidez fuera del mercado y luego, tan pronto como los compradores y vendedores más pequeños entran en el mercado, venden a un precio alto y esto empuja el precio hacia abajo. Sin embargo, no todos los aumentos repentinos son el resultado de una bomba y un volcado. Antes de decidirte hay algunas cosas que debes comprobar:

- **Capitalización del mercado -** comprobar la capitalización de mercado de la moneda contra otras altcoins populares y determinar si puede sostener un aumento de precios

- **Historial comercial –** mire el patrón de precios en los últimos 6 meses más o menos y vea qué, si algún aumento repentino y caídas ha habido

- **Actualizaciones tecnológicas:** ha habido cualquier lanzamiento importante por parte del equipo de desarrollo

REGLA 6: MANTENGA SU OJO EN LOS PRINCIPALES EVENTOS

Especialmente los políticos que se relacionan con el mundo de las criptomonedas. Estos eventos se han sabido para cambiar la forma de la moneda, lo que conduce a aumentos de los ojos o caídas dolorosas en un instante. Sepa con qué está tratando y tiene una idea de en qué y cuándo poner su dinero. Por ejemplo:

1. El 1 de abril de 2017, Japón anunció que consideraba que Bitcoin era una moneda de curso legal. En ese momento, Bitcoin fue valorado en $1,085.03; en 10 días, el valor había subido a $1,215.69

2. El 1 de agosto de 2017, Bitcoin se bifurca en Bitcoin y Bitcoin Cash. En ese momento el valor era $2,787.85; en 10 días, había aumentado a $3,383.79

3. En septiembre de 2007, el banco central de China prohibió las ICO (Ofertas Iniciales de Monedas). En ese momento, el valor de Bitcoin era $4,563 y, dentro de 10 días, había bajado a $3,530.27

REGLA 7: APRENDER QUÉ ES EL ANÁLISIS TÉCNICO

La mayoría de las criptomonedas están tan lejos de las aplicaciones del mundo real que hay pocos datos y evidencia sobre si la tecnología se ha adoptado y cómo está. No sabemos cuáles son sus cifras de ventas; no vemos balances y, como tal, es casi imposible llevar a cabo ningún análisis básico y averiguar si ese precio actual está por encima o infravalorado.

Si desea poder tomar las decisiones adecuadas, debe empezar a entender TA o Análisis Técnico. Para ello, es necesario estar mirando los datos de mercado del pasado, por lo general el volumen y el precio de mercado. Usted encontrará un montón de información en Internet sobre cómo empezar a trabajar en esto.

REGLA 8: APRENDER A CORRELACIONAR OBV Y EL PRECIO COMERCIAL

OBV significa Volumen en balance y una de las mejores maneras de evaluar los indicadores de movimiento en los precios de mercado es correlacionar OBV con el precio de la operación. OBV es un indicador con su base en los cambios en el precio y el volumen de negociación. Si la tendencia tiene el precio hacia arriba y el OBV está abajo, es un indicador de que los precios están bajando. Por el contrario, si la tendencia en el precio está a la baja y OBV está al alza, los precios van a comenzar una marcha al alza.

REGLA 9: NUNCA SOBRECOMERCIO.

Al igual que con la primera regla, voy a vincular esto en otro error común:

ERROR 11: DEMASIADO TIEMPO INVERTIDO EN OPERAR

A veces el volumen de negociación no es lo suficientemente arriba para mantener los precios subiendo y bajando y esto puede resultar en un comerciante cada vez más ansioso. Debido a esto, terminan vendiendo para posiciones subóptimas, lo que en última instancia resulta en pérdidas. No sólo eso, es posible perder dinero si usted opera continuamente. Es posible que estés entusiasmado con lo que estás haciendo; usted puede sentarse toda la noche viendo los precios subir y bajar como un yo-yo, buscando el momento adecuado para obtener ese comercio perfecto. Esto es agotador, así que baja el tono y usa un poco de sabiduría aquí. Los mercados de criptomonedas son increíblemente activos; si pierdes un trato, habrá mucho más. Y, si cambias cuando estás cansado, cometerás algunos errores muy tontos.

REGLA 10: LEER, LEER Y LUEGO LEER MÁS

No puedo enfatizar esto lo suficiente; leer todo lo que se puede encontrar sobre las tendencias en los mercados de criptomonedas. Participe en canales de discusión y foros, lea las noticias, lea todo. Necesitas tener suficiente conocimiento para que sepas que tus decisiones están informadas y no estimulan el momento.

CAPÍTULO 5: MÁS ERRORES COMERCIALES PARA PRINCIPIANTES

Hay otros errores que un principiante va a cometer al operar con criptomoneday y, con el resto de este libro, sólo puedo esperar para evitar que hacer los peores. Así que, aquí va con el resto:

ERROR 12: FIJACIÓN DE PÉRDIDAS

La fijación de pérdidas tiene que ver con la sugerencia de vender un activo, es decir, una criptomoneda cuando no lo hace tan bien como esperas. Si usted compra un activo que NO está en su precio máximo entonces, cuando los precios caen, realmente no es necesario venderlo ya que hay una alta probabilidad de que va a subir de nuevo. Muchos principiantes entran en pánico cuando sus activos comienzan a caer y venden rápidamente para recuperar parte de su dinero. En su lugar, lo que deberías estar haciendo es aferrarte fuerte. Analiza la situación actual en el mercado y toma tu propia decisión informada. Aparte de eso, si no cometiste el error de acumular todo tu dinero en ese activo, entonces no tienes nada que perder sin quedarte quieto y esperando. Podrías terminar obteniendo un beneficio ordenado en lugar de simplemente recuperar un poco de tu inversión inicial.

También debe tener en cuenta que algunas monedas nunca subirán de precio porque no están debidamente capitalizadas. Una vez más, mira el mercado, mira la moneda que estás considerando comprar y busca patrones. Si usted ve una gran cantidad de proceso cayendo y pocos aumentos, entonces no es una buena moneda para invertir en y usted realmente debe evitarlo a toda costa. Incluso los comerciantes profesionales se alejan de estos, por lo que también debe.

ERROR 13: DEMASIADO IMPULSADO POR LA EMOCIÓN

La emoción es una cosa divertida y cuando se trata de comercio, puede ser una cosa peligrosa. No es sólo la emoción la que juega un papel aquí; muchos principiantes también son víctimas de la ambición y el uso de información que no han verificado cuando toman sus decisiones.

Una de las cosas más importantes con el comercio, particularmente el comercio de criptomonedas, es mantener la calma. Da un paso atrás y mira la situación racionalmente. Nunca, nunca tomes una decisión que sea alimentada por la ambición o la emoción o una que sea una decisión que sea del momento. Si bien estas pueden dar sus frutos, esas ocasiones son raras. También debe evitar tomar consejos puramente de un foro o una sala de chat de comerciante o de hacer algo porque todos los demás lo es.

Ten en cuenta que rara vez encontrarás a alguien que comparta cualquier información privilegiada contigo a través de un chat público. No preste demasiada atención a los canales comerciales, ya sea porque son generalmente más engañosos que nadie - después de todo, su objetivo es hacer dinero de usted, no para usted.

ERROR 14: USO DE ROBOTS COMERCIALES

Si usted no tiene conocimiento de lo que es un robot de comercio o cómo funciona, y mucho menos lo que desea que haga, manténgase alejado de ellos. Los robots gratuitos pueden estar infestados de virus e incluso los pagados, aquellos que han sido asegurados, no harán lo mejor para usted porque no siempre eligen la técnica de trading adecuada para la situación.

No sólo eso, algunos de estos robots pueden comenzar a operar con una pérdida debido a situaciones extrañas en el mercado, o errores. Casos recientes han mostrado algunos robots para realizar pérdidas en los cientos de miles de dólares para sus titulares y eso no es algo que usted necesita o quiere.

ERROR 15: LOS PRINCIPIANTES RETROCEDEN TEMPRANO DESDE UN DESAFÍO

El comercio de criptomonedas es un negocio arriesgado y todos cometemos errores. El truco para tu éxito se basa en cómo manejas cada desafío que enfrentas, que aprendes de esos errores y no los repites de nuevo. Un gran error que cometen los principiantes es retroceder ante un desafío y eso puede costarte caro. La experiencia te enseñará que los desafíos están ahí para ser enfrentados hacia abajo no respaldados y necesitas aprender a no embotellarlo en el último minuto.

ERROR 16: EL PÁNICO SE ESTABLECE EN

Esto realmente sigue desde arriba; El mercado de criptomonedas es increíblemente volátil, todos sabemos que, y esto genera una buena cantidad de incertidumbre en la mente de los principiantes. Eso puede conducir al pánico y el miedo y eso es lo peor absoluto cuando usted está operando. No puedes tomar las decisiones adecuadas si estás en modo de pánico, sólo te costará dinero. Debes confiar en tu instinto, pero evita tomar esas decisiones mientras te preocupas por tu inversión.

ERROR 17: PERMITIR QUE LAS PÉRDIDAS SE MONTEN

Una de las mejores características de cualquier comerciante que tiene éxito es ser capaz de tomar una pérdida, una pequeña, muy rápidamente si el mercado realmente no está a su favor y no es probable que lo sea. Luego, pasan a otro comercio. Los principiantes tienden a cometer un error común, uno que se hace por los comerciantes sin éxito, y que es para congelar cuando un comercio no va a su favor. En lugar de actuar rápidamente para minimizar una pérdida, la dejan con la esperanza de que se dé la vuelta y vuelvan al dinero. Esto tiene un efecto doble; en primer lugar, usted está atando su capital innecesariamente a lo que podría ser el largo plazo y, en segundo lugar, esto podría conducir a sus pérdidas aumentando hasta aquellos que son insostenibles.

ERROR 18: NO IMPLEMENTAR ÓRDENES DE STOP-LOSS

Estos son vitales si desea tener éxito en el comercio de criptomonedas y no implementarlos podría ser el peor error que puede cometer. Si implementa una orden de stop-loss apretada, cualquier pérdida puede ser limitada antes de que se vuelvan demasiado grandes. Siempre existe el riesgo de que pueda implementar un stop-loss en una posición larga en significativamente bajo los niveles especificados, pero los beneficios de estas órdenes son más valiosos que la posibilidad de riesgo.

ERROR 19: NO LLEGAR A UN PLAN DE TRADING

O, tal vez peor, tener uno en su lugar y luego no seguirlo. Siempre tenga un plan correctamente definido en su lugar antes de comenzar a operar. Usted necesita conocer sus puntos de entrada, sus puntos de salida, la cantidad de capital que está preparado para invertir en una operación en particular y la cantidad máxima de pérdida que está preparado para tomar. Muchos principiantes no tienen este plan en su lugar o, si tienen uno, están más inclinados a abandonarlo a mitad de camino a través del comercio, especialmente si las cosas no parecen estar haciendo bien para ellos.

ERROR 20: SIGUIENDO A LA MULTITUD

Nunca, nunca, siga a la manada porque no necesariamente se deduce que saben lo que están haciendo. Usted podría terminar pagando demasiado por una criptomoneda que no va a ninguna parte sólo porque un montón de otras personas lo han comprado. Es cierto que las tendencias están allí para ser seguido, pero un comerciante experimentado sabrá para salir de un comercio cuando demasiada gente entra. Los nuevos comerciantes tienden a colgar allí, mucho después de que el dinero se ha ido.

ERROR 21: OPERAR CON DEMASIADOS MERCADOS

Los comerciantes novatos también tienen la mala costumbre de parpadear entre varios mercados diferentes, pero esto puede ser un gran error. No sólo es una distracción, sino que también no ganará suficiente experiencia para convertirse en un buen comerciante en un mercado. Con criptomoneda, elegir una plataforma de negociación y seguir con ella, al menos hasta que sepa lo que está haciendo y tener suficiente experiencia para poder pasar a otra

ERROR 22: EXCESO DE CONFIANZA

El exceso de confianza es tan malo como no lo suficiente y una de las cosas que tienden a llevar al comerciante novato a esto es la suerte de los principiantes. Piense en un casino; es tu primera vez allí, pones tu dinero sobre la mesa y ganas! A veces grande. En lugar de embolsarse el dinero y marcharse, sigues jugando porque crees que esas victorias se van a multiplicar y, en cambio, terminas perdiendo el lote. Lo mismo es cierto para el comercio en el mercado criptomoneda. Si usted se beneficia de su primera operación, no se ponga demasiado seguro y tomar demasiados riesgos. Saca tus ganancias, lo financias y sigue jugando con la cantidad de capital original.

ERROR 23: HABILIDADES INSUFICIENTES EN LA GESTIÓN DEL DINERO

Este es otro gran error cometido por los principiantes; el mejor riesgo absoluto a tomar es entre 1% y 2% de su cartera en una operación. Si pierde sin embargo, tiene los medios para seguir operando y con suerte hacer de nuevo sus pérdidas más algunos beneficios. Una forma de verlo es esto: solo arriesgue la cantidad que cree que puede hacer en los próximos días o dos. Comience poco a poco y aumente con el tiempo. Usted necesita entender lo que está haciendo con su dinero y el comercio con él sabiamente, no tirar todo a la basura en un comercio que podría tanque.

ERROR 24: HABILIDADES INSUFICIENTES EN EL MANTENIMIENTO DE REGISTROS

El mantenimiento de registros es increíblemente importante para cualquier operador de criptomonedas, pero especialmente para el principiante. Usted necesita registrar todo – el comercio que está haciendo; la cantidad que está negociando, ya sea que gane o pierda y por cuánto. Usted necesita registrar por qué ganó o perdió una operación para que pueda volver sobre esos registros y localizar sus errores o donde lo hizo bien.

Usted debe registrar la entrada y la salida de cada operación, el tiempo que lo hizo, niveles de resistencia, niveles de soporte, a qué hora se abre el mercado para el comercio y cuando se cierra - absolutamente todo. Guardar cada registro; es necesario ser capaz de analizarlo en cualquier momento. Piensa en ti mismo como tu propio contable o contable.

ERROR 25: REDENCIÓN DE POSICIONES PERDEDORAS POR PROMEDIO

Promediando hacia abajo puede funcionar en un comercio que es a largo plazo, pero si el comercio es volátil, como una criptomoneda, puede ir en serio en su contra. Esta ha sido la razón de algunas pérdidas comerciales importantes a lo largo de la historia, simplemente porque el comerciante en cuestión sigue agregando a lo que no era más que una posición perdedora y se ven obligados a cortar cuando las pérdidas se hizo demasiado grande. Los comerciantes a menudo van cortos y promedio, pero esto también es arriesgado y debe ser evitado a todos los costos por el comerciante principiante.

Creo que las lecciones que se pueden tomar aquí no son arriesgarlo todo en un comercio, empezar poco a poco y aumentar gradualmente y en serio, no se asuste! La volatilidad del mercado de criptomonedas es tal que, aunque decimos lo que sube debe bajar, lo contrario también es, más a menudo que no, cierto también.

Capítulo 6: Un glosario rápido

Estos son los términos más comunes que se encontrará cuando usted está tratando en criptomoneda. Necesitas entenderlos, o es probable que caigas en el primer obstáculo.

- **Dirección – una cadena de** caracteres única y aleatoria que es un identificador seguro para hacer y recibir pagos criptomoneda a través de la cadena de bloques.

- **Altcoin** – cualquier criptomoneda alternativa a Bitcoin

- **Bitcoin** – también conocido como BTC, la criptomoneda original creada en 2009 por Satoshi Nakamoto. Creado a través del proceso de minería, que requiere grandes cantidades de energía y hardware de computadora.

- **Bitcoin Cash** - también conocido como BCH, creado en 2017 cuando Bitcoin se bifurca. Tiene un tamaño de bloque más grande que Bitcoin pero, hasta el punto del clon, es esencialmente la misma cadena de bloques

- **Block – la recopilación de** datos que se relaciona con transacciones blockchain, agrupadas en bloques de tamaño ya determinados para el procesamiento

- **Blockchain –** el libro de contabilidad digital donde se realizan y almacenan todas las transacciones criptomoneda (cada uno tiene su propia cadena de bloques, que está descentralizado)

- **Suministro circulante** – la cantidad total de cualquier criptomoneda dada en circulación en un momento dado

- **Criptomoneda** – moneda digital que está descentralizada y está asegurada a través de la criptografía, por lo que es mucho más difícil hackear o manipular de cualquier manera

- **DASH** - una criptomoneda que utiliza el software Bitcoin pero es más anónimo; las transacciones son casi imposibles de rastrear a cualquier individuo

- **Descentralizado** – un estado sin control o regulación centralizado por parte de terceros y sin punto central de falla

- **dApps – se trata de** aplicaciones descentralizadas, aquellas que se ejecutan en la red descentralizada y no en un solo equipo. No es lo mismo que el contrato inteligente, una dApp puede tener varios participantes y no se basa necesariamente en las finanzas. Ethereum es el lugar más popular para que dApps se cree

- **Consenso Distribuido** – un acuerdo hecho por todos los ordenadores o nodos de red para verificar las transacciones, lo que le permite trabajar de una manera P2P, sin que una autoridad externa interfiera

- **ERC-20** – un estándar de token para la plataforma Ethereum. Este estándar se asegura de que los tokens utilizados en la plataforma funcionen de forma predecible para que puedan intercambiarse fácilmente y funcionen con dApps inmediatamente siempre que la dApp también utilice el estándar ERC-20, que la mayoría son

- **Ether** – también conocido como ETH, esta es la criptomoneda de la plataforma Ethereum. No es una moneda que se puede gastar como Bitcoin, sino que se utiliza para el pago de las tarifas y tareas de transacción en la plataforma. Estas tarifas se miden en algo llamado Gas, el combustible necesario para ellos – cuanto más compleja sea la tarea, mayor será el precio del gas.

- **Ethereum – una plataforma basada en blockchain que es de** código abierto y descentralizado. Fue creado en 2013 por Vitalik Buterin y se utiliza para contratos inteligentes, se ejecuta en una cadena de bloques que está construido a medida y permite a los desarrolladores llegar a todo tipo de aplicaciones

- **Ethereum Classic** – creado en 2016 cuando Ethereum se bifurca después de un hackeo. La horquilla pasó a recuperar los aproximadamente $50 millones en criptomoneda que fue robado en el hack.

- **Fiat Money – la moneda que es definida por un gobierno como moneda de** curso legal. Este es el dinero que llevas en el bolsillo; no tiene valor real, no tiene respaldo de ningún otro producto básico y se puede producir a voluntad cuando los gobiernos determinan que necesitan más

- **Flipping – una estrategia de inversión que tiende a ser muy popular en lo que** se refiere a activos como bienes raíces y vehículos. En resumen, el activo se compra con la intención de revenderlo para obtener un beneficio en poco tiempo. Con criptomoneda, esto es cuando se invierte en un token ICO antes de que se haga público en un intercambio y luego venderlo para un perfil decente cuando llegan al mercado secundario y el valor ha subido

- **FOMO** – acrónimo de 'Fear of Missing Out.' Se refiere a una sensación aprensiva de que usted puede estar perdiendo en un comercio rentable y luego lamentar no hacerlo más tarde en la línea

- **FUD** – otro acrónimo, esta vez para 'Miedo, Incertidumbre y Duda.' Una estrategia que es utilizada por algunas personas para influir en la forma en que se percibe una moneda específica y se hace mediante la difusión de información falsa, información negativa o engañosa.

- **Gas Limit** – **un término que se utiliza para las unidades de** gas máximas que un usuario está preparado para gastar en la plataforma Ethereum para una transacción individual. Debe haber suficiente gas en la transacción para cubrir todos los costos y recursos necesarios para que se ejecute el código. Cualquier gas que no se utilice en la transacción se devuelve

- **Precio del gas** – otro término de Ethereum que se refiere al precio máximo que un usuario está dispuesto a pagar por una transacción individual. Un precio más alto da a los mineros más incentivo para validar una transacción antes que cualquier otra que pueda tener un precio más bajo. Los precios del gas se hablan generalmente como Gwei.

- **Genesis Block** – **el primer bloque de datos que se valida en una cadena de** bloques, a veces llamado Bloque 1 o Bloque 0

- **Hard Cap** – El máximo que un ICO elevará para su empresa. Si se alcanza el tope, la recaudación de fondos se detiene

- **HODL** – originalmente surgió como un error tipográfico que debería haber leído 'hold' y ahora se utiliza para significar una estrategia de inversión donde la inversión se mantiene durante mucho tiempo, independientemente de lo volátil que sea el mercado

- **ICO** – y acrónimo de Initial Coin Offering. Una manera para una nueva empresa criptomoneda para recaudar dinero en las primeras etapas de las personas que están dispuestos a apoyarlos y comprar tokens. Por lo general se llama una "crowdsale" ya que los partidarios pueden potencialmente beneficiarse de su inversión.

- **IOTA (MIOTA)** – el nombre de una criptomoneda y también de un libro de contabilidad distribuido de código abierto que fue fundado originalmente en 2015 y no está basado en blockchain. Tiene características como escalabilidad, sin cargos, transacciones rápidas y más seguridad para las transacciones.

- **Lightning Network** – un nuevo sistema P2P de baja latencia para micropagos de criptomonedas. Las características son como las de IOTA, incluyendo escalabilidad, menores costos, pago instantáneo, funcional a través de cadenas, etc. Las transacciones individuales no necesitan realizarse públicamente en la cadena de bloques y los contratos inteligentes se utilizan para hacer cumplir la seguridad.

- **Litecoin** – también conocido como LTC, Litecoin es una criptomoneda que fue creado en 2011 por Charlie Lee, que solía trabajar para Google. Las características incluyen SegWit y Lightning, lo que permite transacciones más baratas y tiempos de procesamiento mucho más rápidos.

- **Capitalización de mercado** – El valor de mercado de la criptomoneda o empresa en un momento dado. Esto se utiliza como una forma de rastrillar el tamaño relativo y, para la criptomoneda, se trabaja multiplicando el precio de la moneda por la oferta en circulación o el precio por la oferta total

- **Suministro máximo** – Un recuento aproximado del número máximo de cualquier criptomoneda dada – tokens o monedas – que siempre estará en existencia. Por ejemplo, nunca habrá más de 21 millones de Bitcoin – una vez que el último Bitcoin ha sido extraído, eso será todo.

- **Minería** – El proceso de verificar y agregar transacciones en la cadena de bloques y el proceso por el cual se crean nuevos altcoins y Bitcoins. Cualquiera que tenga el hardware correcto y el acceso a Internet puede minar en teoría, pero el costo de ese equipo y los costos de energía de ejecutarlo todos están muy fuera del bolsillo de la persona promedio. Hoy en día, la mayor parte de la minería es realizada a gran escala por las empresas.

- **Monero** – un altcoin, a veces llamado XMR, que surgió en 2014. Su enfoque está en la escalabilidad y la privacidad total y es compatible con plataformas Mac, Windows, Android y Linux. Cualquier transacción realizada en Monero es supuestamente imposible de rastrear a cualquier individuo o cualquier identidad real.

- **NEM (XEM)** – este es el nombre de una plataforma y una criptomoneda. La plataforma está diseñada para la gestión de activos, como moneda, registros de propiedad, etc. y ofrece características como cuentas multi-sig y mensajería cifrada, además de la tecnología blockchain

- **NEO** – una criptomoneda que surgió en 2014 y también el nombre de la primera cadena de bloques de código abierto en China. Al igual que Ethereum, dApps y contratos inteligentes se pueden construir en NEO, pero hay diferencias entre las dos plataformas, como la compatibilidad del lenguaje de codificación

- **Pre-Venta – una venta de** criptomonedas o tokens que ocurre antes de que el ICO salga para la participación pública

- **Prueba de Estaca** – también visto como PoS, este es un algoritmo que da a los participantes recompensas por resolver problemas criptográficos como una manera de obtener un consenso distribuido. La diferencia entre esto y PoW es que las transacciones se pueden validar, y los nuevos bloques creados en función de la participación o la riqueza individual de la persona. Esto significa la cantidad total de esa moneda en particular que poseen. Una diferencia significativa entre PoS y PoW es que PoS cuesta menos en términos de energía.

- **Prueba de trabajo** – también visto como PoW, este es otro algoritmo que da la recompensa a la primera persona que resuelve los problemas. Esto se hace generalmente por la minería para obtener ese consenso distribuido.

- **Esquema de bomba y volcado** – este es un esquema por el cual un comerciante a corto plazo o un equipo de desarrollo impulsará un proyecto sin ningún fundamento real, para bombear el precio y luego, tan pronto como se lleva a cabo el lanzamiento se venden haciendo que el precio caiga mientras ganan un beneficio ordenado.

- **Ondulación** – otra criptomoneda a veces vista como XRP, este es también el nombre de una plataforma que es de código abierto y es donde se transfiere la moneda. La visión de la plataforma Ripple es que cualquiera será capaz de hacer un pago en tiempo real a cualquier parte del mundo en un instante.

- **SegWit** – versión corta de Segregated Witness. Esto es cuando el límite en el tamaño del bloque blockchain se incrementa a través de la eliminación de los datos para la firma digital; que los datos se desplazan al final de esa transacción para que se pueda liberar más capacidad. Cada transacción se segrega o se divide en dos: la pieza original y la pieza testigo o firma.

- **Contratos inteligentes – un mecanismo mediante el** que al menos dos partes colocan activos digitales en el mecanismo de redistribución en una fecha acordada. Esa fecha se basa en un evento específico que desencadena la redistribución y una fórmula. Los contratos pueden funcionar exactamente como están programados para prescindir de los riesgos de tiempo de inactividad, fraude, censura o interferencia de un tercero.

- **Soft Cap** – la cantidad mínima que necesita una ICO. Si el ICO no puede recaudar esa cantidad, entonces se detendrá y todos los fondos devueltos a los que participaron.

- **Token** – un token criptográfico que se utiliza para crear las redes descentralizadas de código abierto y también es el incentivo para que las personas participen en la red. Esto se produjo por primera vez con Ethereum y ahora es frecuente en todo el mercado de criptomonedas.

- **Suministro total** – el número total de tokens o monedas Crypto que existen, incluyendo el suministro circulante total y cualquier que estén reservados o bloqueados a la plataforma

- **Monedero** – un método de almacenamiento de criptomonedas. Puede ser software, hardware, almacenamiento en línea, fuera de línea o en frío

- **Lista blanca** - una lista de participantes que han sido aprobados y registrados para contribuir exclusivamente a una preventa o una ICO

- **Whitepaper** – un documento producido para proporcionar información sobre los objetivos, la filosofía y la tecnología detrás de una iniciativa. Estos tienden a ser producidos justo antes de que se lanza una nueva criptomoneda y tal vez el más famoso de todos en el mundo cripto gráfico es el papel técnico Bitcoin producido en 2008.

Estos son un puñado de los términos que se encontrarán, pero son los más importantes con referencia a criptomoneda. Aprende, entiéndelos y estarás con el pie derecho.

Conclusión

El mundo del comercio en criptomoneda es emocionante, es peligroso, es aterrador y es estimulante. Pero es importante que realmente entiendas lo que estás haciendo antes de hacerlo. Es posible que ya esté involucrado en el comercio en el mercado de valores y, si bien los principios son los mismos, el mercado de criptomonedas es mucho más volátil que el mercado de valores y eso significa que no es tan sencillo.

Los errores son siempre una forma efectiva de aprender, pero lo más importante es aprender de esos errores. Sería tan fácil para usted caer en el primer obstáculo, para ser absorbido en una estafa o pánico y embotellar su comercio en el último minuto, pero siempre y cuando los errores que comete no son caros, entonces no habrá ningún daño hecho.

Asegúrese de leer esta guía correctamente; tomar a bordo los errores que puede cometer y cómo puede evitar cometerlos; puede ahorrarte, no sólo dinero, sino verguenza por ser atrapado.

REFERENCIAS

http://www.share-talk.com/

https://bitcoinexchangeguide.com/

https://www.investopedia.com/articles/active-trading/013015/

https://bestonlinebitcoinbrokers.com/

https://www.tradingheroes.com/

https://yourstory.com/read/

https://crushcrypto.com/

https://steemit.com/

LIBRO 3: CRIPTOMONEDAS

Cómo Tener Exito En El Trading De Criptomonedas

INTRODUCCIÓN

El éxito masivo de Bitcoin en términos de hacer a mucha gente realmente rica gracias al meteórico aumento de su precio de mercado en los últimos años, sobre todo en diciembre de 2017, ha hecho que todo el mundo sea consciente de la existencia de una nueva clase de inversión llamada criptomonedas . Y lo que es más importante, ese éxito masivo de Bitcoin ha allanado el camino para la aceptación masiva del público de esta nueva inversión, haciendo que las criptomonedas en general sean más atractivas como inversión. Por lo tanto, Bitcoin puede haber creado una nueva fiebre del oro de hoy en día, aunque una digital.

En este libro, aprenderás cómo aprovecharcon éxito esta fiebre del oro digital y posiblemente ganar dinero serio con ella. Aquí, no sólo te mostraré cómo invertir sabiamente. También te mostraré cómo no ser engañar por estafadores. Al final del libro, usted estará en una muy buena posición para empezar a montar la ola criptomoneda y ganar dinero a partir de ella.

Si estás listo, pasa la página y vamos a empezar!

CAPÍTULO 1 - FUNDAMENTOS DE LAS CRIPTOMONEDAS

Con el éxito masivo de Bitcoin en términos de precio de mercado, parece que las criptomonedas se han convertido en la versión moderna de la infame locura de Holland Tulip. Si usted no está familiarizado con la locura de Holland Tulip, sucedió durante la década de 1630 cuando la gente de todo el mundo se fue gaga sobre la flor, que rápidamente envió su precio de mercado al alza a niveles por encima de los niveles atmosféricos. Y eso es lo que le ha pasado a Bitcoin en diciembre de 2017, donde su precio de mercado se disparó en alrededor de 400% en sólo un par de semanas! Y debido a Bitcoin, prácticamente todos los inversores - e incluso los no inversores - se han familiarizado bastante con las criptomonedas, enviando la manía sobre este activo financiero a un nivel aún más alto!

Probablemente la única diferencia entre la locura criptomoneda y el de Holland Tulips es el primero es un activo digital, mientras que el segundo es un activo físico. Oh, y me corrijo - hay otra diferencia entre los dos, que son oscilaciones de precios salvajes. El precio de mercado de Holland Tulips no era tan volátil como el precio de Bitcoin, es decir, su aumento meteórico de los precios fue rápido, pero presentó pequeñas caídas en el camino. Con Bitcoin, verá - si nos fijamos en su gráfico de precios - que ha habido caídas de precios muy fuertes en el camino. Y por agudo, quiero decir, se sumerge en valor de alrededor del 30% en unos pocos días! Y a partir de este escrito, su precio de mercado ha bajado en más de un 30% desde su máximo en diciembre de 2017. Dicho esto, invertir en criptomonedas requiere un poco más de conocimiento, y, si me permite añadir, agallas.

CRYPTO 101

Usted puede estar pensando, son criptomonedas el dinero oficial de los muertos debido a la palabra "crypto"? Ja ja ja ja - divertido! Pero no, no lo son. Algunas personas que compran y venden criptomonedas pueden parecer personas muertas, pero no - eso no es lo que significa la palabra criptográfica. La palabra "crypto" en el término se refiere a una ciencia o práctica específica de codificación y decodificación de mensajes en códigos secretos o cifrados: criptografía. Así que una muy buena definición de una criptomoneda es una moneda que digital en la naturaleza, que utiliza la criptografía en sus transacciones, es decir, validar, asegurar y registrar.

Y hablando de registro de transacciones, todas las empresas mantienen lo que se llama en la jerga contable como "libros de cuentas" o "libros de contabilidad". Cuando realiza transacciones en línea con su tarjeta de crédito o cuenta bancaria para comprar algo, el precio al que compró sus golosinas es la cantidad que se registra como una deducción de su cuenta bancaria o libro mayor, o se agrega como dinero adicional adeudado en su cuenta si usó su tarjeta de crédito. De la misma manera, todas sus transacciones utilizando una criptomoneda específica - si decide invertir en uno - se registran en un libro maestro digital o archivo maestro para esa criptomoneda específica. Y en ese archivo maestro están todas las transacciones que alguna vez tuvieron lugar para esa criptomoneda específica. Este libro maestro digital o archivo se conoce como la cadena de bloques.

La cadena de bloques obtiene su nombre de dos palabras: bloque y cadena. El bloque se refiere a transacciones validadas de una criptomoneda en particular, donde una transacción validada se llama un "bloque". Todas las transacciones validadas están "vinculadas" como una cadena para comprender el libro mayor o el archivo de una criptomoneda en particular. Debido a que el archivo maestro o libro mayor se compone de todas las transacciones validadas para esa criptomoneda, se llama la "cadena de bloques".

CARACTERÍSTICAS DE CRYPTO

Una característica interesante de la tecnología blockchain, que cada vez más empresas tradicionales se interesan, es que se descentraliza. Ok, ser descentralizado significa que no hay una sola entidad que mantenga los registros de transacciones de una criptomoneda en particular. En particular, todos los usuarios de una criptomoneda en particular - independientemente de si está inactivo o activo - obtener sus propias copias de la cadena de bloques que se actualiza continuamente para incluir transacciones validadas recientemente. Es un sistema de contabilidad que puede ser monitoreado por todas las partes interesadas.

Otra característica interesante de las criptomonedas es la autonomía. ¿Qué quiero decir con esto? Piense en las monedas utilizadas como moneda de curso legal en todos los países del mundo. Usted sabe que todos ellos están controlados y regulados por sus respectivos gobiernos nacionales, especialmente cuando se trata de suministro o número de unidades que circulan en el mercado abierto.

No es así con las criptomonedas. No tienen autoridad gubernamental ni monetaria a la que responder. En otras palabras, ¡son malos! Pero en serio, es verdad. Las criptomonedas están fuera del alcance y la regulación de los gobiernos, que es una de las principales razones por las que todavía no es tan aceptada por tantos gobiernos como la mayoría de la gente le gustaría que fueran. ¿Sabes cómo tienen razón los gobiernos? Lo que no pueden controlar o regular, no les gusta.

Usted puede estar pensando si ninguna autoridad monetaria controla su suministro, entonces ¿quién diablos puede acuñar más unidades de una criptomoneda específica? ¡Esa es una muy buena pregunta! Técnicamente, el suministro de una criptomoneda en particular ya está determinado y fundido en piedra antes de su lanzamiento o lanzamiento público. Y dicho límite está incrustado en el código o protocolos de esa moneda en particular. Eso significa que ninguna intervención humana cambiará ese límite.

En cuanto a la acuñación de nuevas unidades de una criptomoneda en particular, las personas indirectamente responsables de crearlas se llaman "mineros". ¿Por qué los mineros? Es porque "minan" para nuevas unidades ayudando a validar cada transacción para una criptomoneda específica. ¿Qué significa esto?

Si usted compró 1 unidad de Bitcoin, la criptomoneda más popular en estos días, esa transacción necesita ser validada antes de que aparezca en la cadena de bloques y transferir oficialmente el Bitcoin que compró a su cuenta. ¿Y cómo se validará esa transacción? El sistema generará un algoritmo o ecuación matemática que es único para su transacción y alguien necesita descifrar el código de ese algoritmo para resolver esa ecuación para que su transacción sea validada. Si no se resuelve, la transacción no se realizará.

Los mineros dedican sus propios ordenadores con el único propósito de resolver tales ecuaciones con el fin de validar las transacciones relacionadas con una criptomoneda en particular. ¿Y qué obtienen a cambio? Exacto - nuevas unidades de esa criptomoneda en particular! Y debido a que se les paga específicamente con "nuevas" unidades de esa criptomoneda en particular, técnicamente son "minería" para ellos.

PARA QUÉ SON

Al principio, criptomonedas como Bitcoin y Ethereum fueron creados para dar a la gente un medio alternativo para pagar por cosas. Debido a que es un nuevo concepto y uno que no está regulado por ninguna institución, no fue ampliamente aceptado. De hecho, todavía no es tan ampliamente aceptado como una forma alternativa de pago hoy en día, a diferencia de las tarjetas de débito y crédito. Sin embargo, su aceptación general ya ha crecido mucho y sigue haciéndolo. Cada vez más establecimientos comerciales, tanto grandes como pequeños, aceptan criptomonedas, en particular Bitcoin, como una forma alternativa de pagar por cosas. Y más que comerciantes, los bancos también han comenzado a reconocer criptomonedas y permitir retiros de tales en su equivalente de moneda fiat en sus cajeros automáticos o cajeros automáticos.

Y debido al éxito de Bitcoin, las criptomonedas ahora sirven a otro propósito - uno que incluso ha hecho que su propósito original sea algo irrelevante. Ahora es una de las más calientes del mundo - si no la más caliente - la locura de la inversión! Muchas personas han convertido sus inversiones iniciales de sólo unos pocos miles de dólares hace muchos años en otras que ahora son más de un millón de dólares. Y con los futuros contracts en Bitcoins que están en la lista on el ChicagoMercantile Exchange, ha hecho criptomonedas en general aún más atractivo!

CAPÍTULO 2 - PROFESIONALES DE LA INVERSIÓN EN CRIPTOMONEDAS

Invertir en algo tan lucrativo - y muy arriesgado - como las criptomonedas requiere que sepas mucho sobre lo que te vas a meter. Esto significa que usted tiene que ser consciente de sus compensaciones de riesgo de retorno. En este capítulo, primero trataremos con el lado de retorno de la inversión criptomoneda - o sus pros!

VOLATILIDAD

Si quieres obtener enormes rendimientos, y rápidamente en eso, hay un rasgo de inversión muy importante que necesitarás saber que puede hacer que suceda. Y ese rasgo se llama volatilidad.

La volatilidad se refiere a la gran cantidad de movimientos de precios de un activo financiero en particular. Cuanto más grandes sean los movimientos, también llamados oscilaciones, más volátil será el precio de un activo financiero. Cuanto más pequeñas son las oscilaciones, menos volátil es. Y cuanto menos volátil sea el precio, menos pueden ser tus beneficios potenciales. Es por eso que una regla cardinal en la inversión es esta: cuanto mayores sean sus rendimientos esperados, mayor será el riesgo que debería estar dispuesto a tomar.

Y cuando se trata de volatilidad de precios, criptomonedas son justo lo que usted puede estar buscando - suponiendo que su tolerancia al riesgo es alta. ¿Qué tan volátil? Considere el precio de Bitcoin, que se disparó en más de 400% en sólo unas pocas semanas en diciembre de 2017. ¿Dónde más se puede encontrar una inversión de este tipo que puede darle tales rendimientos potenciales?

JUVENTUD

Una gran parte de la volatilidad de los precios de la mayoría de las criptomonedas se debe al hecho de que no han estado alrededor el tiempo suficiente para que se asienten, comolasacciones de chip azul de empresasrealmente antiguas. Debido a su relativa juventud en comparación con la mayoría de las otras inversiones impulsadas por el mercado, las criptomonedas se consideran potencialmente inversiones de alto crecimiento que tienen mucho margen de maniobra para subir. Pero, por supuesto, sus riesgos también son mayores en comparación con la mayoría de las otras inversiones financieras.

La ventaja de ser un medio de inversión relativamente joven o un activo financiero es que las perspectivas generales que disfrutan del mercado son generalmente y locamente positivas. Y de nuevo, gracias a Bitcoin que ha ganado una apreciación mucho mejor del público inversor. Y esta apreciación se ha agotado a otras criptomonedas - también llamadas altcoins - como Litecoin, Ripple, y Ether (Ethereum).

PRIVACIDAD

Ahora bien, este "pro" en particular puede ser más relevante para usted si usted es un lavador de dinero o un señor del crimen organizado. Pero dejando de lado, la privacidad es una característica muy atractiva de las criptomonedas que la hacen muy popular, especialmente

104

entre aquellos que no pueden permitirse dejar atrás los rastros de papel en cuanto a sus transacciones financieras personales. ¿A qué me refiero cuando digo que las criptomonedas son muy privadas cuando se trata de sus datos personales?

Si bien todas las transacciones validadas se registran en la cadena de bloques, estos detalles no incluyen su identidad privada, es decir, su nombre no se incluiría, solo sus claves privadas, de las que hablaremos con más detalle más adelante. Es por eso que incluso si usted tiene registros de todos los demás usuarios de una criptomoneda en particular a través de su copia de la cadena de bloques, no se puede rastrear esas transacciones a cualquier persona en particular. ¡Y tal privacidad también incluye tu nombre!

Ahora que hemos visto los pros de invertir en criptomonedas, echemos un vistazo a algunas de sus estafas.

Capítulo 3 - Contras criptomoneda

Después de leer el capítulo anterior sobre los pros de invertir en criptomonedas, puede pensar que es un vehículo de inversión que es demasiado bueno para ser verdad. La verdad es que no lo es. Al igual que todas las inversiones de fiar, tiene su propio conjunto de contras que tendrá que pensar para determinar si debe o no invertir en ellos o no. Después de todo, las inversiones en criptomonedas no son para todos de la misma manera que correr un maratón no es para todos los corredores.

Volatilidad

El mismo mayor pro de invertir en criptomonedas también puede ser su mayor estafa. ¿por qué? Grandes oscilaciones de precios, especialmente a la baja, pueden conducir a pérdidas potencialmente enormes, así. Imagínese, si usted invirtió $10,000 cuando Bitcoin alcanzó su pico, valdría alrededor de 35% menos o sólo $7,500 después de sólo un mes. Muchas personas consideran inaceptable tal posibilidad y por eso se adhieren a inversiones más conservadoras como bonos y valores gubernamentales.

La buena noticia es que hay maneras de hacer frente bien a tal volatilidad. Una es invertir sólo una cantidad que te sientas cómodo perdiendo. Nadie se va a la inversión para perder dinero, pero no estoy diciendo que estés seguro de perder ese dinero. Sólo digo que si usted no se siente cómodo perdiendo mucho dinero en el caso de que los precios de sus inversiones criptomoneda oscilan salvajemente hacia el sur, pero todavía le gustaría darle una oportunidad, su mejor apuesta es simplemente poner una cantidad de dinero que no va a cambiar Me mal de perder. De esa manera, no te sentirás mal y tus finanzas personales no se verán afectadas.

Y hablando de, también debe invertir una cantidad de dinero que usted sabe que no necesitará en cualquier momento pronto. ¿por qué? Mientras que los precios de las criptomonedas pueden oscilar hacia abajo por una gran cantidad, usted no se dará cuenta de la pérdida todavía si usted se aferra a sus criptomonedas y esperar a que sus precios para recuperarse. Las pérdidas basadas en el precio de mercado actual se denominan pérdidas de "papel" solo porque están en papel y aún no son pérdidas reales. Sólo se convertirán en pérdidas reales si decides venderlas a un precio más bajo. Así que al invertir sólo una cantidad de dinero que usted sabe que no necesitará en cualquier momento pronto, usted puede permitirse el lujo de esperar a que los precios para recuperarse y evitar la realización de cualquier pérdida del mercado debido a oscilaciones de precios salvajes.

LONGEVIDAD

Otra posible estafa a la hora de invertir en criptomonedas es otra de sus ventajas: su juventud. Como la mayoría de las criptomonedas son todavía jóvenes en comparación con los vehículos de inversión más tradicionales como acciones, bonos, divisas y futuros, todavía no tienen un historial existente de longevidad. Y dado que las criptomonedas en general todavía no son ampliamente aceptadas como un modo de pago alternativo, su longevidad potencial sigue siendo una preocupación. Y tal preocupación es un factor de riesgo importante que muchos inversores están preocupados.

Ahora no estoy diciendo que las criptomonedas en general no estarán alrededor a largo plazo. Sólo digo que con la excepción de la crema de la cosecha, la mayoría de las otras criptomonedas tienen mayores riesgos en virtud de jugar a ponerse al día con los pioneros y la falta general de aceptación de las criptomonedas como un modo de pago alternativo.

Pero esta estafa potencial o riesgo también se puede mitigar al permanecer con los chicos grandes - los pioneros por así decirlo. Estos incluyen - aparte de Bitcoin - Litecoin, Ripple, y Etereum. Si bien su ser pioneros de la industria de criptomonedas no garantiza la longevidad, tienen una probabilidad mucho mayor de ser aceptados con éxito como un modo de pago alternativo legítimo en los principales sectores financieros de todo el mundo y, como tal, tienen un mucho más posibilidades de longevidad.

Tomemos por ejemplo - de nuevo - Bitcoin. Una señal de que está empezando a ganar tracción en términos de aceptación en los principales mercados financieros es la cotización de los contratos de futuros con Bitcoins como los activos subyacentes en el Chicago Mercantile Exchange (CME) en diciembre de 2017, que es uno de los mayores, si no los mayores intercambios de contratos de futuros del mundo. Si bien no es Bitcoin per se que se incluyó en el CME, el activo subyacente de los contratos de futuros son Bitcoins. Si Bitcoin como criptomoneda es esquemático, CME no estaría fuera de su mente para permitir que los contratos de futuros en Bitcoins se negocien en su intercambio. Así que hasta cierto punto, la lista CME es un indicador importante de la creciente aceptación pública de Bitcoin en particular y con suerte, criptomonedas en general.

PREOCUPACIONES REGULATORIAS

Esto no es una preocupación tan grande, pero sin embargo, algo que debe tener en cuenta antes de decidir si empezar o no a invertir en criptomonedas. Al ser una moneda autónoma, los reguladores financieros de todo el mundo aún no están muy interesados en las criptomonedas. Y por una buena razón: es difícil que las instituciones encargadas de proteger al público contra las estafas financieras sean todas alegres y acepten algo que no puedan regular, controlar o administrar. Debido a que los suministros de criptomonedas no son determinados por ningún organismo regulador financiero del gobierno como la Reserva Federal en los Estados Unidos, son tan autónomos como cualquier cosa puede obtener.

El mismo sentido de autonomía y privacidad que es un profesional también puede ser una estafa muy seria. Si su cuenta es hackeada, que también es posible con inversiones tradicionales como depósitos bancarios, acciones, fondos mutuos y monedas, usted no tiene a quién recurrir en busca de ayuda! Si su cuenta bancaria es hackeada, puede correr al propio banco o si se niega a abordar su preocupación, puede correr a la Reserva Federal que le dará una patada en el culo al banco hasta que devuelva su dinero. Pero con las criptomonedas, no se puede correr a nadie para revertir una transacción hackeada o errónea.

La mejor manera de abordar esto es la misma que con abordar el tema de la volatilidad - invertir sólo una cantidad que usted se siente cómodo perdiendo o no necesitará en cualquier momento pronto. De esa manera, usted puede ponerse en la posición para maximizar sus posibilidades de invertir con éxito en criptomonedas mientras aborda el riesgo regulatorio.

Otro problema regulatorio potencial tiene que ver con la volatilidad de los precios. En particular, los cambios en la posición de las autoridades monetarias o los reguladores pueden afectar a los precios de mercado de las criptomonedas. Por ejemplo, las autoridades monetarias en China. Después de insinuar la posibilidad de prohibir el crowdfunding para recaudar capital para nuevas criptomonedas, que ya no afectará a Bitcoin, los precios medios de mercado de Bitcoin se desplomaron en alrededor de 20% en sólo unas pocas horas de negociación!

Una vez más, invertir sólo una cantidad que usted está cómodo perdiendo o no necesitará en cualquier momento pronto es la mejor manera de aprovechar el potencial de ganancias de las criptomonedas mientras se trata de estas desventajas potenciales.

Si después de sopesar los pros y los contras de la inversión en criptomonedas, se dio cuenta de que desea seguir adelante e invertir en este tipo relativamente joven de activos financieros, continúe leyendo el libro. Si no, sólo encuentra otro libro para leer, él, él, él.

Capítulo 4 - Seguridad de la inversión:
su monedero de criptomonedas

Muy bien - el hecho de que usted está leyendo este capítulo significa que después de sopesar los pros y los contras de la inversión criptomoneda, usted ha decidido seguir adelante y darle una oportunidad. ¡Te felicito, alma valiente y sabia! Así que antes de entrar en el quid del asunto, tendremos que discutir lo que será su mejor amigo de seguridad criptomoneda: su cartera!

Debido a que las criptomonedas son activos financieros en línea sin contrapartes físicas reales, autónomas y descentralizadas, ir por el tipo correcto de billetera puede deletrear toda la diferencia entre una cartera de criptomonedas segura y una que está en alto riesgo de robo a través de la piratería. Y dado que las criptomonedas están más allá de las autoridades supervisoras y reguladoras del gobierno de cualquier país, no puede permitirse dejarlo abierto para el robo en línea. Por lo tanto, mantener sus inversiones criptomoneda es de suma importancia, lo que hace que elegir la cartera correcta sea aún más importante.

Para obtener una mejor comprensión de lo valioso que es elegir la cartera criptomoneda correcta, es crucial que primero tenga una idea de cómo funcionan las transacciones criptomoneda. La forma principal en que usted será capaz de comprar y vender criptomonedas es a través de las bolsas de criptomonedas, al igual que la compra y venta de acciones se hacen sólo a través de las bolsas de valores. Así que para obtener cómo funciona, una discusión sobre cómo funcionan los intercambios de criptomonedas está en orden.

Cuando usted compra una criptomoneda en particular en un intercambio criptomoneda, la cantidad de criptomoneda que compró se le dará un código digital específico correspondiente a ella. Esto se denomina clave pública de la transacción, que solo es exclusiva de esa transacción. Y parte de la información crucial sobre su transacción que se registrará en la cadena de bloques, como parte del registro oficial de esa criptomoneda específica, es la cantidad de criptomonedas que compró y las claves públicas correspondientes a ellos.

Mientras que sus transacciones en un intercambio de criptomonedas en particular se asignan claves públicas específicas para fines blockchain, el intercambio en el que compró un formulario criptomoneda también asigna a sus transacciones de compra una clave privada. Usted necesita recordar esto siempre: sus claves privadas se consideran como la sangre de su cuenta criptomoneda. Si olvida sus claves privadas o si alguien se apodera de ellas y las utiliza para drenar su cuenta criptomoneda seca, puede despedirse de sus inversiones criptomoneda para siempre. No hay vuelta atrás ni recuperarlos. Sus claves privadas son su medio para acceder a las criptomonedas que compró.

Si deja sus claves privadas y sus correspondientes criptomonedas en sus cuentas de intercambio, entonces sus riesgos para tener sus claves privadas robadas, así como sus criptomonedas son muy altos. Es por eso que es crucial que pueda moverlos a un almacenamiento muy seguro. Y lo adivinaste bien - que el almacenamiento se llama una billetera criptomoneda!

Una billetera criptomoneda es más o menos lo mismo que su billetera física en el sentido de que es donde almacenará sus criptomonedas. Y cuando se habla de carteras criptomoneda, hay 2 tipos generales: carteras calientes y frías. Las carteras calientes son carteras en línea, mientras que las carteras frías son las que están fuera de línea. Su intercambio de criptomonedas de elección ofrece carteras de almacenamiento calientes. Pero como se mencionó anteriormente, mantener sus claves privadas en sus cuentas de intercambio o carteras las pone en un riesgo muy alto para hackear o ser robado.

Otro ejemplo de una cartera de almacenamiento en caliente es una aplicación instalada en su escritorio o computadora portátil que siempre se utiliza para conectarse a Internet. Si bien tiene un riesgo mucho menor para la piratería porque se puede controlar personalmente sus claves privadas y cifrar su cartera, todavía es hackable por muy buenos hackers. Además, todavía puede perder sus claves privadas en el momento en que el equipo se daña demasiado para reparar.

Por las razones anteriores, es mejor para usted almacenar sus claves privadas en carteras de almacenamiento en frío o carteras fuera de línea. ¿por qué? La respuesta es muy obvia: ¡las cuentas fuera de línea no se pueden hackear porque están fuera de línea!

Al elegir su billetera de almacenamiento en frío, vaya por carteras frías de hardware. Son gadgets que puedes conectar y desconectar fácilmente de tu regazo o computadora de escritorio - por lo general a través del puerto USB - y donde puedes almacenar de forma segura tus claves privadas. Sólo tiene que conectar su cartera de hardware en el puerto USB de su computadora cada vez que realice transacciones en esa criptomoneda y luego desconéctela por razones de seguridad. Son tan simples y fáciles de usar.

Pero tal seguridad puede llegar a un precio - una etiqueta de precio bastante fuerte. Pero la tranquilidad no tiene precio y, como tal, invertir en una cartera de hardware vale la pena. Algunas de las carteras de hardware más populares son Ledger Nano, KeepKey y Trezor.

Cada vez que transfiera sus criptomonedas desde su cuenta de intercambio a su billetera de hardware, sus claves privadas etiquetan a lo largo y se transfieren también. Y debido a que su clave privada ya se ha transferido a un dispositivo de almacenamiento fuera de línea, como su cartera de hardware en frío, el riesgo de ser hackeado y robado se convierte prácticamente en cero! Y suponiendo que usted es lo suficientemente cuidadoso como para asegurarse de que sólo usted tiene acceso a su cartera de hardware, todo, pero garantiza la seguridad de sus inversiones criptomoneda.

Casi me olvido de mencionar que se le cobra una cantidad relativamente pequeña - un porcentaje de su criptomoneda - como tarifas de transacciones cada vez que los transfiere de su cuenta de intercambio a su cartera y de vuelta. ¿por qué? Es dar a los mineros criptomoneda (¿recordarlos?) para priorizar el trabajo en la validación de su transacción primero y así, acelerar su validación. La pequeña cuota también se utiliza para desalentar las transacciones maliciosas que son voluminosas, que pueden obstruir seriamente los sistemas de la mayoría de las criptomonedas.

Capítulo 5 - Mindsets importantes de inversión de criptomonedas

Antes de invertir en criptomonedas, hay varias cosas en las que tendrás que pensar: mentalidades si quieres. Tomar tiempo para reflexionar sobre estos aumentará significativamente sus posibilidades de ser capaz de tener éxito.

Una razón convincente

¿Alguna vez te has preguntado por qué inviertes tu dinero? En serio, ¿verdad? Lo sé, puedes pensar "¿Por qué diablos tengo que hacer eso?" ¿No es muy obvio? ¡Se trata de maximizar el valor de mi dinero!

Y aquí está mi respuesta: ¡no, no lo es! Maximizar los beneficios o los rendimientos de su inversión - o incluso invertir en sí mismo - es a menudo sólo un medio para lograr algo más significativo, algo más profundo. Algunas de estas metas más significativas pueden incluir ser capaz de poner a su bebé recién nacido con éxito a través de la universidad para cuando cumpla 18 años, tener suficiente ingresos pasivos para retirarse temprano a la edad de 50 años, o para poder mudarse a la propia casa de su familia después de 10 años.

Ahora, ¿por qué deberías hacerte la pregunta de por qué inviertes tu dinero? Es porque sin una razón convincente, las tentaciones son altas para dejar de fumar cuando las cosas se ponen difíciles o aburridas, y para tomar decisiones muy precipitadas donde se debería haber empleado un análisis cuidadoso. Debido a que invertir en criptomonedas no es un asunto trivial, ni un esfuerzo sin complicaciones, debe ser capaz de tomar las decisiones correctas en el momento adecuado cuando se trata de invertir su dinero ganado con esfuerzo.

Si su única razón es hacer dinero, esa es una razón muy superficial para invertir en criptomonedas. Una razón poco profunda hará que sea muy fácil para usted elegir sus inversiones criptomoneda por un capricho, es decir, sin mucha investigación y análisis. También puede hacer que elija las estrategias incorrectas para invertir con éxito en criptomonedas y fallar miserablemente. Pero si usted tiene una razón muy convincente por la que necesita ser capaz de invertir con éxito su dinero en criptomonedas, se tomará esta cosa lo suficientemente en serio como para dar al esfuerzo la diligencia debida y administrar sus inversiones criptomoneda con la mentalidad de un gestor profesional de fondos.

SU TASA DE RETORNO REQUERIDA

Si recuerdas de antes, una de las reglas cardinales de la inversión es la relación entre el riesgo y el retorno: cuanto mayor sea tu tasa de rendimiento esperada, necesitas estar cómodo asumiendo riesgos financieros más altos porque cuando se trata de ganar sustancialmente más alto tasas de retorno de las inversiones, la volatilidad puede ser su mejor amigo.

La razón por la que te lo recordé es porque para poder alcanzar tus principales objetivos financieros, tus razones convincentes para invertir, necesitas poder invertir tu dinero en activos que generen el mejor rendimiento. Y cuando se trata de los mejores rendimientos, no siempre se trata de la tasa más alta de rendimiento. ¿Por qué?

116

¡Es porque las tasas medias de retorno no pintan una imagen completa! Aparte de las tasas medias de rendimiento, también debe tener en cuenta la volatilidad en la tasa de rendimiento de un activo, que se mide principalmente por desviación estándar. La desviación estándar es una medida estadística que le indica por cuánto puede esperar razonablemente que los resultados se aleje de la media o de la media.

Para ayudarle a apreciar esto en un nivel práctico, vamos a considerar 2 criptomonedas A y B. La tasa media mensual de rendimiento de Crypto A es del 15% con una desviación estándar del 3%. Crypto B por otro lado tiene una tasa media mensual de rendimiento del 30%, pero con una desviación estándar de alrededor del 20%. Basado puramente en las tasas mensuales promedio de retorno, es fácil elegir cripto B porque su rendimiento mensual promedio es el doble que el de la criptografía A. ¡Pero hay más de lo que se ve a simple vista!

Para obtener una estimación más precisa de las posibles tasas de rendimiento, también debe tener en cuenta la desviación estándar del activo de inversión. Para la criptografía A, es sólo 3%, lo que significa que puede esperar razonablemente su retorno mensual en cripto A - si decide invertir en él - para estar en cualquier lugar de 12% (15% - 3%) mínimo al 18% (15% + 3%) Máximo. Para cripto B, su desviación estándar de alrededor del 20% significa que usted puede esperar razonablemente su retorno mensual en cripto B para estar en algún lugar entre 10% (30% - 20%) mínimo y 50% (30% + 20%) al máximo.

¿Cuál de los 2 debe elegir? Bueno, depende de la tasa mínima de rendimiento requerida de tu objetivo. Si usted está planeando invertir dinero para la educación universitaria de su hijo dentro de 10 años y si se basa en sus cálculos tendrá que invertir su dinero en un activo con una tasa mínima mensual esperada de retorno de la inversión de al menos 15%, está claro que debe invertir en criptoGrafía A porque su rendimiento mínimo esperado está más cerca del mínimo del 15%. Pero si su tasa mínima requerida de rendimiento era de sólo 9%, entonces crypto B tendría más sentido porque incluso si su rendimiento mínimo esperado es menor que el de cripto A, todavía es más alto que su tasa mínima requerida de rendimiento y su rendimiento mensual máximo esperado es menor que el de cripto A, todavía es más alto que su tasa mínima requerida de rendimiento y su rendimiento mensual máximo esperado es más del doble que el de las a las criptográficas (50% frente a 18%)!

TU CRONOLOGÍA

Para sacar el máximo provecho de su dinero invertido con respecto a la consecución de un objetivo específico, también debe considerar cuánto tiempo tiene para lograr ese objetivo. ¿por qué? Para que sepa si puede permitirse o no asumir mayores riesgos de inversión. Permítame explicarle.

Si planea maximizar los rendimientos asumiendo inversiones de mayor riesgo, debe hacerlo solo al inicio de su período de inversión o cronograma. En caso de que sus rendimientos reales no estén a la altura, todavía tiene la última parte de la línea de tiempo de inversión o el período para compensar el rendimiento deslucido. Tomemos el caso de invertir para la jubilación, por ejemplo.

Supongamos que sólo tiene 25 años y planea su jubilación a los 60 años. Tiene 35 años para invertir para su jubilación. Desde ahora hasta los 40 años, todavía será factible invertir en activos de alto riesgo como criptomonedas o contratos de futuros de Bitcoin. ¿por qué? Es porque si sus inversiones en tales activos se tornan agrias, cuyos riesgos son relativamente altos, todavía puede compensarlo y recuperar sus pérdidas en los próximos 20 años a través de activos más conservadores como acciones de blue chip, bonos corporativos y valores del gobierno. Si invierte su dinero ganado con tanto capacidad en criptomonedas a los 50 años en adelante y su volatilidad resulta ser desfavorable para usted, es posible que no tenga suficiente tiempo para recuperar sus pérdidas, lo que puede impedir que se recupere a los 60 años.

Cualquier administrador de fondos que valga la pena su sal le dirá lo mismo: invierta agresivamente al principio, luego reducirá hacia las inversiones conservadoras hacia el final para bloquear sus ganancias. Así que piense en su cronograma de inversión al elegir en qué criptomonedas en particular invertir y cuánto dinero comprometerse con ellos.

APETITO POR EL RIESGO

Otra cosa a tener en cuenta a la hora de determinar en qué criptomonedas invertir y, lo que es más importante, cuánto invertir en ellas, es su apetito de riesgo. ¿Cuántas pérdidas potenciales se siente cómodo absorbiendo? ¿Cuánto tiempo puede comprometer una cantidad específica de dinero para invertir antes de necesitarlo? Estas dos preguntas pueden ayudarte a obtener una estimación de cuánto riesgo estás dispuesto a tomar, es decir, tu apetito de riesgo.

Un riesgo que debe tener en cuenta a la hora de invertir en criptomonedas es el más obvio, que es el riesgo de mercado. Este tipo de riesgo se refiere a la posibilidad de incurrir en pérdidas debido a los cambios en los precios de mercado de las criptomonedas en las que desea invertir.

Otro tipo de riesgo que debe estar dispuesto a considerar es el riesgo de liquidez de mercado, que se refiere al riesgo de que no será capaz de convertir inmediatamente sus inversiones criptomoneda en monedas fiat o regulares y recibirlas cuando sea necesario. Verá, ya que las criptomonedas en general no son ampliamente aceptadas por los principales mercados financieros por el momento, puede tomar un par de pasos antes de que pueda recibir los ingresos de la moneda fidecida de su venta de criptomonedas. Si su banco no le permite recibir directamente fondos de divisas fideias del intercambio de criptomonedas donde liquidó (vendió) sus inversiones en criptomonedas, entonces tendrá que remitir los ingresos a otra institución financiera que pueda servir como puente para su venta procede a cruzar a su cuenta bancaria regular. Y eso puede tomar desde varios días hasta una semana.

IMPACTO REAL DE LAS PÉRDIDAS FINANCIERAS

La última consideración para elegir sus inversiones, independientemente de si sus criptomonedas o algún otro activo financiero tradicional, es el posible efecto financiero - en términos de moneda reales - de los movimientos adversos de los precios en sus inversiones.

Una cosa es mirar los rendimientos porcentuales o las pérdidas, como el ejemplo que di en la sección anterior sobre su tasa de rendimiento requerida, y otra es ver cómo tales porcentajes - especialmente las pérdidas potenciales - se traducirán en términos monetarios reales. ¿Qué quiero decir con eso?

Por ejemplo, el rango esperado de criptomoneda A de rendimientos mensuales basados en rendimientos mensuales promedio y la desviación estándar está entre -20% y 50%. Si el peor de los casos se juega, que es -20%, piense en cuánto es el de una inversión de $10,000. Esto significa que si usted invierte $10,000 en criptomoneda A cuyos rendimientos pueden ir tan bajos como -20% basado en un estudio estadístico sólido, entonces es posible perder alrededor de $2,000 en un mes. Ese es su impacto financiero potencial estimado basado en los rendimientos mensuales promedio esperados.

Ahora esta es la pregunta: ¿se siente cómodo tomando el riesgo de perder potencialmente $2,000 en un mes por la oportunidad de posiblemente ganar un 50% de rendimiento en su inversión de $10,000 o $5,000? Si no lo estás, entonces no inviertas en esa criptomoneda en particular. Nunca invierta en nada con lo que no se sienta cómodo asumiendo riesgos.

CAPÍTULO 6 - INVERSIÓN EN CRIPTOMONEDAS

Ahora es el momento de hablar sobre las estrategias y pasos reales necesarios para invertir con éxito en criptomonedas tan pronto como sea posible. Y de nuevo, permítanme recordarles por enésima vez que la criptomoneda es mucho más arriesgada que las inversiones tradicionales impulsadas por el mercado como acciones, divisas y derivados por las razones dadas en el Capítulo 3. Y también tenga en cuenta que es este más alto que el riesgo de inversión promedio que posiblemente puede darle rendimientos o ganancias mucho superiores en comparación con esas inversiones tradicionales de menor riesgo impulsadas por el mercado que acabo de mencionar. Pero antes de continuar, tendrá que entender dos formas diferentes de invertir en criptomonedas.

INVERTIR A LARGO PLAZO VS.

Muchas personas confunden las palabras, la inversión y el comercio, uno por el otro. Es comprensible teniendo en cuenta que ambas son actividades por las que puede hacer que su dinero gane más dinero y como tal, ambos son en realidad inversiones! Pero son diferentes y usted tendrá que saber si es el comercio que desea o invertir, particularmente a largo plazo.

El trading es básicamente inversión a corto plazo. Usted compra un activo financiero como Bitcoin y en el momento en que su precio es de 10%, lo vende inmediatamente, incluso si es sólo dentro de unas pocas horas. El trading es una forma muy rápida de obtener beneficios y durante los momentos en que los mercados se mueven hacia los lados, no hay una tendencia clara si es alcista o bajista, todavía se puede hacer una matanza con su retorno de las inversiones. Esto se debe a que durante los movimientos laterales, los precios seguirán subiendo y bajando muchas veces. Si usted es capaz de generar al menos un 10% de ingresos comerciales por cada vez que el mercado sube por lo menos un 10% antes de hundir hacia abajo, es posible que usted duplique su dinero en sólo una semana o dos.

Por otro lado, invertir o más específicamente invertir a largo plazo, es una estrategia en la que simplemente se compra un activo financiero - como una criptomoneda - y se aferra a él durante varios años antes de vender a un precio mucho más alto. Debido a su naturaleza de compra y retención, esta estrategia de inversión también se conoce como una estrategia de "comprarla y olvidarla".

Tanto el comercio como la inversión tienen sus pros y sus contras. El trading requiere que supervises de cerca tus inversiones para que puedas captar rápidamente su precio a medida que alcanza tu tasa mínima de rentabilidad. Pero eso requiere que prácticamente lo hagas a tiempo completo, que es una de las razones por las que muchas personas no invierten en criptomonedas o incluso acciones. Necesitan monitorear sus inversiones hora y hora para asegurarse de que ganan mucho tiempo y no pierden dinero. Y la mayoría de la gente no tiene el lujo de tiempo para hacer eso porque tienen trabajos o negocios para dirigir. Pero aquellos que lo hacen encuentran que son capaces de ganar más ingresos de sus inversiones en un período de tiempo más corto, dejándolos con más tiempo para las cosas que les encanta hacer.

El atractivo de las inversiones a largo plazo para la mayoría de los inversores es el hecho de que no tienen que estar al tanto de sus inversiones día tras día. Sólo compran y se olvidan de ello. Pueden, sólo por el bien de la información, comprobar el precio de mercado de sus inversiones impulsadas por el mercado una vez al mes. Pero la mayoría de los otros inversores a largo plazo simplemente esperan un año o más antes de comprobar sus inversiones. ¿Por qué es así? Especialmente si invierten en inversiones de menor riesgo como las acciones de blue chip, sus precios generalmente suben a través de los años, independientemente de si las monitorean o no. Pero las oportunidades de ganancias pueden ser generalmente mucho más bajas en comparación con las estrategias comerciales.

¿Qué notaste entre los dos? Así es, cuanto mayor sea el rendimiento esperado, mayor será el riesgo o, en este caso, la carga de trabajo. Así que si usted está dispuesto a poner en mucho más tiempo y esfuerzo para obtener mayores y más rápidos beneficios, el comercio! Si desea sentarse, relajarse y cosechar sus recompensas después de varios años, vaya a invertir a largo plazo en su lugar.

INVERTIR EN CRIPTOMONEDAS POR PRIMERA VEZ

Lo primero que tendrá según usted tendrá que hacer para comenzar es elegir una criptomoneda en particular para invertir. E incluso si las criptomonedas suenan como un grupo genérico de inversiones, cada una de ellas todavía tiene sus propias características únicas que, en efecto, las diferencian entre sí. Como tal, sería una tontería suponer que si has estudiado uno, los has estudiado a todos. Por lo tanto, usted debe ejercer un buen esfuerzo en la investigación en al menos las principales criptomonedas antes de elegir en qué invertir.

Después de haber elegido la criptomoneda de su elección de inversión, es el momento de decidir qué plataforma comprarlos. En otras palabras, es hora de decidir en qué intercambio de criptomonedas registrarse y comprar su primera inversión criptomoneda. ¿Y cuáles son estos intercambios?

Las bolsas se refieren a instituciones o empresas donde se permite la compra y venta de activos financieros específicos. Si está buscando comprar o vender acciones, tendrá que hacerlo a través de una bolsa de valores como NASDAQ o la Bolsa de Nueva York (NYSE). Si usted está buscando para el comercio de futuros y contratos de opciones, entonces el Chicago Mercantile Exchange es uno de los mejores intercambios para ir a. Y para invertir en criptomonedas, tendrá que hacerlo a través de un intercambio de criptomonedas.

La razón más importante por la que tendrá que registrarse para una cuenta con un intercambio criptomoneda es esta: es el único lugar donde se puede comprar y vender criptomonedas. ¡Es así de simple! A diferencia de las acciones, monedas o bonos que tienen versiones físicas y mercados regulados, las criptomonedas son de naturaleza puramente digital y, por lo tanto, no tienen mercados activos fuera de los mercados digitales o en línea que ofrecen los intercambios de criptomonedas. Algunos de los intercambios de criptomonedas más grandes y populares incluyen GDAX,

Kraken, Bitfinex, y Gemini para dos de las criptomonedas más grandes Bitcoin y Etereum. Para todas las demás criptomonedas, es decir, altcoins, Poloniex es un buen intercambio para registrarse, ya que le permite operar más de 80 criptomonedas en su plataforma. La única desventaja de usar Poloniex es que sólo se puede comprar y vender criptomonedas utilizando criptomonedas. Esto significa que no puede contar con sus tarjetas de crédito o cuentas bancarias en línea para financiar sus compras de criptomonedas en la plataforma y que tendrá que comprarlas de otros intercambios primero antes de hacer negocios en Poloniex.

Después de decidir qué plataforma comprar sus criptomonedas, seguir adelante y abrir una cuenta con ese intercambio. En términos generales, la apertura de la cuenta y el proceso de verificación pueden ser un poco tediosos porque estos intercambios -no están regulados por cualquier institución financiera del gobierno- son muy cuidadosos de asegurarse de que van a realizar transacciones con el persona que usted dice ser. Y cuanto más puedan hacer eso, más podrán garantizar la privacidad y seguridad de sus cuentas. Así que si bien puede ser un poco tedioso, usted puede ser más paciente sabiendo que al final del día, todo será para su propio beneficio.

Después de abrir una cuenta en línea, su cambio de elección probablemente le pedirá una copia escaneada de cualquier identificación válida emitida por el gobierno de su país, como una licencia de conducir o pasaporte. En promedio, las cuentas de intercambio de criptomonedas se validan y procesan en un plazo de 3 días laborables, pero en algunos casos, más de una semana.

Una última cosa antes de comprar criptomonedas: considerar la posibilidad de obtener una cartera de hardware de almacenamiento en frío para garantizar la seguridad de sus inversiones criptomoneda. Como se mencionó anteriormente en el Capítulo 4, es muy recomendable que obtenga una cartera de hardware de almacenamiento en frío para garantizar la seguridad de las claves privadas de sus inversiones criptomoneda y, en consecuencia, sus inversiones en criptomonedas. Pero si usted está en un presupuesto ajustado o simplemente no quiere gastar más, siempre puede utilizar carteras de almacenamiento caliente, pero con un riesgo relativamente mayor para hackear y perder sus inversiones criptomoneda duramente ganados. Así que después de que usted ha conseguido su cartera independientemente de si es almacenamiento caliente o en frío, es el momento de comprar su criptomoneda en su intercambio elegido. Después de haber comprado con éxito sus criptomonedas en ese intercambio, transfiera sus claves privadas inmediatamente a su billetera de almacenamiento en frío - si ha elegido utilizar una - o a su cartera de almacenamiento caliente de su elección.

Una cosa que necesitará saber acerca de la compra de sus criptomonedas en los intercambios es que no vienen de forma gratuita, ya que los intercambios le cobrarán una tarifa de transacción por sus servicios. No se preocupe: las tarifas de transacción no son excesivas. Los intercambios, después de todo, son empresas que también necesitan ganar dinero para seguir operando con éxito y consistentemente. Los intercambios de criptomonedas serían difíciles de seguir brindando un gran servicio si no hacen suficiente dinero para mantener sus gastos operativos y actualizar sus sistemas regularmente. Las tarifas de transacción son normalmente un porcentaje fijo de su transacción para que solo suba cuando el valor de sus transacciones suba.

Así que para resumir los pasos sobre cómo empezar a invertir en criptomonedas:

- Elija su criptomoneda o monedas;

- Elija un intercambio criptomoneda en el que puede comprar su criptomoneda elegida, y abrir una cuenta con ese intercambio;

- Después de que su cuenta con su intercambio de criptomonedas elegido ha sido validado, elija el tipo de billetera en la que almacenará sus claves privadas y criptomonedas, preferiblemente una cartera de hardware de almacenamiento en frío;

- Compra tu criptomoneda a través de tu cuenta validada con tu intercambio; Y

- Transfiera inmediatamente sus llaves privadas a su billetera para su custodia.

ESTRATEGIAS DE INVERSIÓN EN CRIPTOMONEDAS

Una estrategia que tendrá que emplear, ya sea que le gusten las matemáticas o no, es calcular. Y para ello, tendrá que aprender los conceptos básicos de la media (promedio) y la desviación estándar, que tocamos en el Capítulo 5 sobre la tasa de rendimiento requerida. Entonces, ¿por qué tienes que hacer las cuentas, incluso si odias los números?

Por un parte, invertir en criptomonedas se trata de ganar dinero, y no puedes determinar si has invertido con éxito tu dinero si no tienes números que mirar. Por defecto, invertir es todo acerca de los números. Y al estar principalmente basado en números, no puede elegir sus inversiones criptomoneda basadas en la sensación intestinal o las emociones solamente.

La media, que es la media, le dice que en base a las tasas de rendimiento pasadas de una inversión en particular, puede esperar razonablemente que sus tasas futuras de retorno sean de un valor específico. Pero, por supuesto, no es una estimación exacta porque sus tasas de rendimiento pasadas varían. Aquí es donde entra en juego la desviación estándar. Como se menciona en el Capítulo 5, la desviación estándar le indica que, en función de las tasas de rendimiento pasadas de una inversión en particular, puede esperar razonablemente que las tasas futuras de retorno se desvían de la media o la media en un determinado nivel.

Si la media de 12 meses o la rentabilidad mensual media para una criptomoneda en particular es del 20% y su desviación estándar es del 5%, usted puede razonablemente (no perfecto,no tal cosa) estimar el rango de rendimientos donde la tasa posible del mes siguiente de retorno puede caer. En este caso, sería 15% (20% - 5%) para el límite inferior y 25% (20% + 5%) para el límite superior. Cuando sepa cómo estimar esto, estará en una muy buena posición para elegir objetivamente la criptomoneda que tiene la mayor probabilidad de ayudarle a alcanzar su tasa de retorno requerida, que también discutimos en el Capítulo 5. Sé que no todo el mundo es un matemático, por lo que sugiero encarecidamente que consulte tutoriales en vídeo en YouTube sobre cómo calcular la desviación media y estándar utilizando

Microsoft Excel. Confía en mie, será muy fácil hacerlo inExcel.

La segunda estrategia para invertir con éxito en criptomonedas es la siguiente: investigación. En particular, tendrá que investigar sobre los precios pasados de las criptomonedas que está interesado en invertir porque sin tales datos, no será capaz de calcular la desviación media y estándar de las tasas de retorno. Pero más que solo estadísticas, también necesitará investigar sobre piezas cruciales de información que pueden afectar sustancialmente los precios de mercado de las criptomonedas en las que está interesado en invertir, como declaraciones o posiciones de regulación gubernamental autoridades, o anuncios en los principales mercados financieros como el Chicago Mercantile Exchange, que ahora permite el comercio de contratos de futuros que involucran Bitcoins. Tenga en cuenta que debido a que las criptomonedas no tienen métodos de valoración objetivos reales, los datos de mercado y la información clave deben ser investigados bien, ya que son estas piezas de información las que ayudan a determinar hacia dónde se dirige el valor de las criptomonedas.

La diversificación es otra estrategia importante para invertir con éxito en criptomonedas. En términos laicos, la diversificación significa nunca poner todos sus huevos de inversión en una sola cesta. Entonces, ¿por qué debería invertir en más de una criptomoneda?

Aquí está el porqué. Si pones todo tu dinero de inversión criptomoneda en sólo uno, digamos Bitcoin, en el momento en que su precio se desploma, que ya ha sucedido en enero de 2018, entonces estás completamente tostado! Pero si lo extiendes decir entre Bitcoin,

Ondulación, y Etereum, si uno de ellos se bloquea y los otros dos no, entonces sus pérdidas se limitarán a sólo esa criptomoneda en particular.

Pero lo que es más importante, ni siquiera debería poner todo su dinero de inversión solo en criptomonedas, independientemente de si invierte en sólo una o 10 criptomonedas diferentes. ¿por qué? Es porque son de la misma clase de activos: criptomonedas. Las posibilidades son altas cuando el precio de uno se reduce, los precios para otros pueden seguir el ejemplo, aunque en diferentes grados. Es por eso que la verdadera diversificación no se trata sólo de invertir en diferentes activos del mismo tipo, sino en diferentes activos en conjunto. Esta estrategia no es sólo para invertir criptomoneda, sino para invertir en general, independientemente de los activos financieros, por ejemplo, acciones, bonos, divisas.

La última estrategia de inversión que puede solicitar una inversión exitosa, que es especialmente útil para la inversión a largo plazo, es el promedio de costos. ¿Qué es esta estrategia y qué la hace efectiva?

El promedio de costos se refiere a la estrategia de comprar continuamente un activo financiero específico (por ejemplo, acciones, bonos, divisas y criptomonedas) en incrementos más pequeños, independientemente de si el precio de mercado de ese activo está bajando o subiendo. Es bastante obvio decir que esta es una buena estrategia cuando el precio de un activo financiero en particular ha estado subiendo, pero incluso cuando los precios están bajando? ¿Seriamente?

Sí, ¡en serio! Hacer eso cuando los precios están bajando le ayuda a reducir su costo promedio en ese activo financiero, lo que significa que puede recuperar sus pérdidas mucho más fácil que si simplemente compró una vez y esperó a que el precio volviera a su precio de compra. Para ayudarte a entender mejor, este es un ejemplo práctico de lo que quiero decir.

Digamos - y esto es sólo un ejemplo bien - que usted compró 1 Bitcoin a $20,000 y su precio se desplomó a sólo $15,000. Para recuperar sus pérdidas, tendrá que esperar a que su precio vuelva hasta $20,000, ¿verdad? ¡Correcto! Pero si usted compró otro Bitcoin cuando se estancó a $15,000, que le da 2 Bitcoins a un precio de compra promedio o costo de $17,500 solamente. Por lo tanto, usted no tiene que esperar a que los precios de Bitcoin para subir de nuevo hasta $20,000 para romper par - sólo $17,500. De hecho, para cuando se remonta a $20,000, usted habría hecho un beneficio de $2,500 ya debido a la estrategia de promedio de costos.

Teniendo en cuenta que no se puede predecir perfectamente si el precio va a bajar o subir, lo mejor es distribuir su dinero total de inversión para criptomonedas en 5 plazos para que pueda aplicar el promedio de costos. Así que si usted está planeando invertir un total de $1,000, entonces repárese en 5 inversiones mensuales de $200 por. Eso puede ayudarle a promediar su costo hacia abajo si los precios bajan dentro de los próximos 5 meses.

INVERSIONES ALTERNATIVAS EN CRIPTOMONEDAS

Al igual que con las acciones, puede invertir en criptomonedas indirectamente, en caso de que todavía no esté tan cómodo invirtiendo directamente en él. ¿Cómo? Una es a través de un fondo administrado o fideicomiso donde una compañía de gestión de fondos agrupa el dinero de las personas e invierte ese dinero en criptomonedas. La belleza de este tipo de inversión es que usted tiene gestores de fondos profesionales haciendo todo el trabajo de comercio e inversión a largo plazo en criptomonedas para usted.

Un ejemplo de este tipo de inversión es el Grayscale Bitcoin Investment Trust, que se puede decir se centra en Bitcoin como su activo de inversión criptomoneda. Pero una cosa que tendrá que tener en cuenta es que la comodidad tiene un precio, que es un precio más alto que el valor neto del activo (NAV, es decir, el precio por unidad de inversión fiducial) cuando usted compra en el fondo. Además, el fondo es muy volátil debido a la volatilidad en los precios de sus activos subyacentes, que es Bitcoin. Pero al menos, no tienes que sudar las cosas de la gestión de inversiones tú mismo.

Otra forma de invertir indirectamente con criptomonedas, aunque todavía limitada a Bitcoins solamente, es a través de contratos de futuros a través del Chicago Mercantile Exchange. Esto es más adecuado para el comercio en lugar de la inversión a largo plazo. Los contratos de futuros son activos financieros donde las partes acuerdan comprar y vender un activo subyacente, Bitcoins en este caso, en una fecha particular en el futuro a un precio predeterminado. Cuanto más positivo sea el sentimiento del mercado sobre el precio futuro del activo financiero, más alto será el precio de los contratos de futuros y viceversa.

CAPÍTULO 7 - MANTENER SUS INVERSIONES SEGURAS: EL PROBLEMA DE ESTAFA

Invertir con éxito, ya sea con criptomonedas o con algunos otros activos financieros, no se trata solo de ser capaz de generar la tasa mínima de rendimiento requerida. También se trata de proteger tu dinero de personas que no aman nada más que darte el dinero que tanto te costó ganar. Es por eso que dediqué este capítulo a mostrarle cómo detectar posibles estafas con el fin de evitarlos. Para ello, vamos a discutir 2 cosas importantes sobre evitar estafas: banderas rojas e investigación.

BANDERAS ROJAS

Muchas personas caen presa de los estafadores simplemente porque no eran lo suficientemente afilados como para oler esas estafas, incluso cuando ya estaban 3 pies delante de ellos. Lo que quiero decir con esto es que no sabían cómo una estafa se ve y huele como, que es cómo los estafadores fueron capaces de aprovecharse de ellos. Es por eso que cuando se trata de evitar estafas de inversión, el conocimiento es poder.

La primera y muy obvia bandera roja es la tasa prometida de retorno de su inversión. Al ser una inversión basada en el precio de mercado, nadie puede garantizar la tasa de rendimiento de una inversión en criptomonedas. Así que en el momento en que alguien le ofrece una inversión criptomoneda con un ingreso garantizado o tasa de retorno de su inversión, que es su señal de que es una estafa!

Y hablando de las tasas de rendimiento prometidas, incluso si la persona que le ofrece la inversión dice que *puede* o *puede,* ambos implicando posibilidades en lugar decertezas, ganar una tasa de rendimiento que es mucho más alto que el promedio histórico (desviación estándar que se está considerando), que es probablemente una estafa. ¿por qué? ¡No hay base para un retorno tan salvaje y estimado! ¡Se acaba de compensar!

Otra bandera roja que está relacionada con la tasa de rendimientos es la consistencia perfecta. Si el representante de inversión le muestra que el precio de sus criptomonedas nunca baja y siempre sube, es una estafa. Ninguna inversión de fiar impulsada por el mercado haya registrado repuntes perfectamente consistentes en sus precios.

Otra bandera roja a tener en cuenta es la complejidad. Los planes de inversión legítimos tienen como objetivo ser lo más simples posible por muchas razones, algunas de las cuales incluyen conseguir más clientes y para la institución que ofrece las inversiones en sí, facilidad para administrar el dinero de las personas. ¿Por qué alguien presentaría deliberadamente un esquema de inversión muy complicado, similar a la ciencia de cohetes? Simple: quieren sonar muy competentes y vanguardistas para que la gente esté convencida de invertir en sus travesuras! Así que en el momento en que se le presenta un programa de inversión muy complejo - correr por las colinas! ¡Nunca inviertas en algo que realmente no entiendas!

Los ejecutivos de cuentas muy agresivos también pueden ser una bandera roja, aunque no siempre es el caso. Pero sin embargo, tenga cuidado con ellos porque

135

incluso si el producto de inversión que están ofreciendo es de fiar, ser demasiado insistente puede presionarlo para que tome decisiones de inversión que no fueron bien consideradas. ¿Recuerdas lo que dije sobre invertir a ciegas o no entender completamente en qué te estás metiendo? Invertir ignorantemente, incluso en esquemas de inversión legítimos, puede dejarte llorando por pérdidas más adelante.

Para ser más específico, una de las maneras por las que los estafadores desvirtan a la gente en invertir con ellos es mediante el uso de la táctica de escasez. La táctica de escasez es una en la que los vendedores te dirán que su oferta sólo es buena por un corto período de tiempo, y con el fin de hacer uso de su promoción, ¡tendrás que actuar ahora! Apelarán a su temor a perder cosas buenas en la vida, o incluso a propósito. Y al apresurarte a tomar una decisión por miedo a perderte, pueden hacerte tomar una decisión muy irracional de la que te arrepentirás más adelante.

Por último, un sitio web sin un certificado SSL puede ser indicativo de una estafa criptomoneda. Recuerde, las criptomonedas son activos financieros digitales o en línea. Por lo tanto, el sitio web que va a invertir a través debe ser seguro - muy seguro. SSL - o Secure Sockets Layer - en el sitio web de inversión en criptomonedas de la compañía significa que está certificado como seguro y estará alrededor a largo plazo. Ninguna certificación genera un riesgo muy alto de que no exista a largo plazo. Así que manténgase alejado de los sitios web criptomoneda que no tienen SSL en su URL. Esto se puede ver en sitios web con la palabra "https" al principio de su URL. Si es sólo "http" o si no indica "https", no es seguro.

INVESTIGACIÓN

Su capacidad para identificar banderas rojas para estafas de inversión no es sólo el único que le ayudará a evitar ser estafado porque hay veces que las estafas no exhiben banderas rojas, es decir, están hechas para parecer de fiar. En este sentido, también tendrá que investigar bien sobre las inversiones en criptomonedas que se le ofrecerán. Y una gran parte de ser capaz de hacer una buena investigación es hacer las preguntas correctas.

Ahora, invertir en los grandes chicos de criptomonedas como Bitcoin, Monero, Litecoin, Ethereum, y Ripple ya no debería ser un misterio. Todo lo que necesita para investigar probablemente son los movimientos históricos de precios y la información y desarrollos actuales disponibles públicamente. Pero si usted está buscando para invertir en nuevas criptomonedas, entonces usted tendrá que realmente hacer su tarea primero para minimizar sus riesgos de pérdidas o para ser estafado.

Una cosa a investigar sobre cuándo se trata de invertir en criptomonedas es la historia. Cuanto más tiempo haya existido, menor es la probabilidad de que sea una estafa o que muera temprano. Otra cosa a investigar es su volumen de trading diario promedio, donde se pueden obtener datos. Cuanto mayor sea el volumen de negociación que tiene una criptomoneda en particular significa que criptomoneda disfruta de un alto nivel de cantidad de confianza inversores y que puede significar un menor riesgo de ser una estafa.

137

Otra cosa que usted puede investigar en, uno que puede ayudarle a determinar si es o no una estafa debajo de la superficie brillante, es donde se comercializa. En particular, ¿en qué intercambios se negocian? ¿Por qué es importante? Los intercambios son muy particulares con el mantenimiento de su reputación estelar con el público inversor y si dejan entrar una criptomoneda que es una estafa, que será la muerte de ellos. Como tal, los nuevos desarrolladores de criptomonedas tendrían que mover el cielo y la tierra para que sus criptomonedas aparezcan en los principales intercambios, que pueden ser vistos como un sello de aprobación de tipo que grita "¡esto es de fiar!" Algunos de los intercambios de criptomonedas más confiables del mundo incluyen GDAX, Kraken, Bitfinex, Gemini y Poloniex.

Mi experiencia personal

Al terminar este capítulo sobre estafas, y el libro también, permítanme compartir con ustedes una experiencia reciente en el tratamiento de estafas o al menos, evitando esquemas de inversión criptomoneda que son demasiado complicados para la comodidad. A mediados de 2017, alguien me ofreció unirme a una plataforma de comercio Bitcoin llamada Trade Coin Club. Durante la presentación, el representante fue muy animado y apasionado por el esquema de inversión. Trade Coin Club - o TCC para abreviar - es una plataforma donde va a "depositar" sus Bitcoins para que el sistema de comercio propietario de la compañía va a intercambiar sus Bitcoins por usted sobre una base diaria. Y supuestamente, para cuando tu inversión en ellos madure, habrías más que "doblado" tu dinero con ellos.

138

Siendo un inversor experimentado, tenía muchas preguntas, teniendo en cuenta la naturaleza especulativa y autónoma de este tipo de inversión. Una de las preguntas que hice a los representantes es el retorno de la inversión, es decir, ¿estoy seguro de duplicar mi dinero al final del período de inversión? No responderá con un "sí" directo o "no", pero siempre apuntaría al llamado rendimiento histórico de sus operaciones. Así que le pregunté si es posible que pueda perder dinero - y él volvería a responder indirectamente citando el rendimiento comercial histórico de su cuenta TCC como si decir que puedo perder dinero era ilegal. Continuó explicando un sistema de cargos muy complicado por parte de la compañía que incluso yo, un inversor experimentado, me pareció muy difícil de entender. Lo que rompió la espalda del camello para mí fue cuando dijo que al final del período de inversión, TCC obtendrá todos los Bitcoins que deposité con ellos. Cuando le pregunté por qué diablos TCC haría eso, el representante respondió que es porque ya habrías más que duplicado tu dinero. ¿Pero pensé que implicaba que la tasa de retorno no está garantizada? Hubo un desajuste inaceptable y muy inusual en el que estoy obligado a entregar mis Bitcoins a TCC, pero no están obligados a darme una tasa específica de retorno de mi inversión. Ningún esquema de inversión legítimo le quita su capital al final del período. Por lo tanto, determiné que era una estafa - al menos para mis estándares. No he conpasado con la "inversión".

No sé si TCC sigue por aquí, y no me importa. Todo lo que sé es que algunos de mis amigos que invirtieron en él ya estaban empezando a experimentar problemas con su cuenta en el sitio web. ¿Coincidencia? No creo.

CONCLUSIÓN

Gracias por comprar este libro. Espero que haya sido capaz de ayudarle a entender cómo invertir con éxito en criptomonedas. Pero más que sólo aprender, espero que te animen a tomar acción sobre lo que aprendiste porque en la batalla por invertir con éxito en criptomonedas, saber es sólo la mitad de la batalla. La otra mitad es la aplicación del conocimiento.

Las criptomonedas son un nuevo mundo emocionante para las inversiones y con oportunidades emocionantes vienen mayores riesgos. Así que asegúrese de aplicar lo que aprendió aquí para que pueda montar la ola de esta fiebre del oro de hoy en día, pero al mismo tiempo, minimizar sus riesgos para perder su dinero a través de malas decisiones de inversión o de ser estafado.

¡Por tu éxito, amigo mío! ¡Salud!

www.ingramcontent.com/pod-product-compliance
Lightning Source LLC
Chambersburg PA
CBHW071700210326
41597CB00017B/2262